Impressum
Verlag: BABADADA GmbH, Nedderfeld 112 , 22529 Hamburg
Geschäftsführer / Verlagsleitung: Harald Hof
Druck: Books on Demand GmbH, In de Tarpen 42, 22848 Norderstedt

Imprint
Publisher: BABADADA GmbH, Nedderfeld 112 , 22529 Hamburg, Germany
Managing Director / Publishing direction: Harald Hof
Print: Books on Demand GmbH, In de Tarpen 42, 22848 Norderstedt

σχολείο
škola

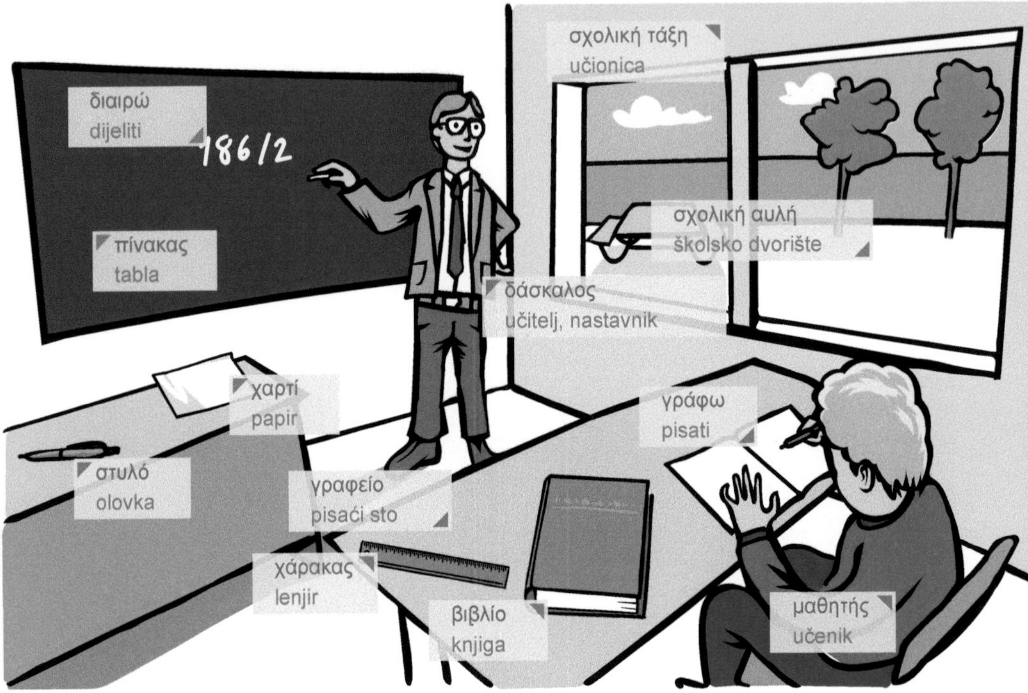
σχολική τάξη
učionica
διαιρώ
dijeliti
186/2
πίνακας
tabla
σχολική αυλή
školsko dvorište
δάσκαλος
učitelj, nastavnik
χαρτί
papir
γράφω
pisati
στυλό
olovka
γραφείο
pisaći sto
χάρακας
lenjir
βιβλίο
knjiga
μαθητής
učenik

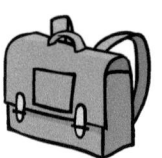

σχολική τσάντα

torba

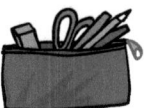

κασετίνα/ μολυβοθήκη

pernica

μολύβι

drvena olovka

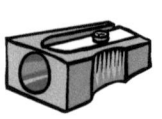

ξύστρα

šiljalo za olovke

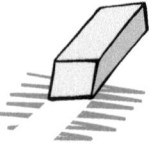

γόμα

gumica

μπλοκ ζωγραφικής

blok za crtanje

ζωγραφική
crtež

πινέλο
kist

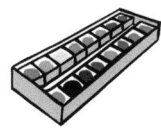

κουτί χρωμάτων
kutija s bojama

ψαλίδι
makaze

κόλλα
ljepilo

τετράδιο ασκήσεων
vježbanka

εργασία για το σπίτι
domaća zadaća

αριθμός
broj

προσθέτω
sabirati

αφαιρώ
oduzimati

πολλαπλασιάζω
množiti

υπολογίζω
računati

γράμμα
slovo

αλφάβητο
abeceda

λέξη
riječ

κείμενο

tekst

διαβάζω

čitati

κιμωλία

kreda

μάθημα

sat

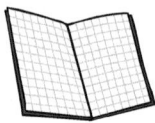

εγγράφομαι

školski dnevnik

τεστ

ispit

πιστοποιητικό

svjedočanstvo

μαθητική στολή

školska uniforma

εκπαίδευση

izobrazba

εγκυκλοπαίδεια

leksikon

πανεπιστήμιο

univerzitet

μικροσκόπιο

mikroskop

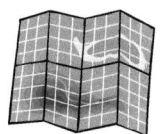

χάρτης

karta

καλάθι αχρήστων

korpa za papir

ταξίδι
putovanje

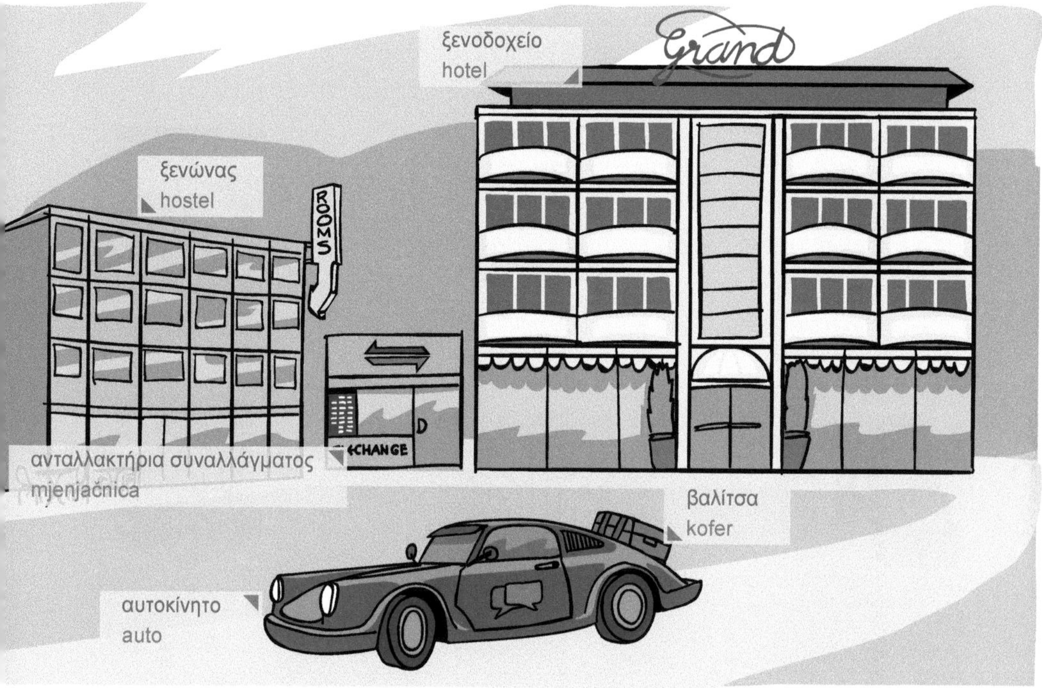
ξενοδοχείο
hotel
Grand
ξενώνας
hostel
ROOMS
ανταλλακτήρια συναλλάγματος
mjenjačnica
€CHANGE
βαλίτσα
kofer
αυτοκίνητο
auto

γλώσσα

jezik

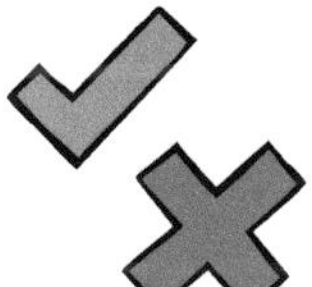

ναι / όχι

da / ne

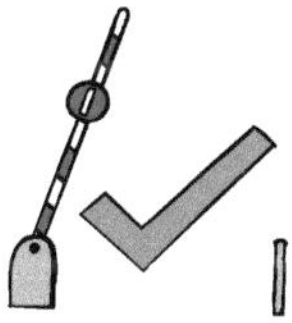

εντάξει

okej

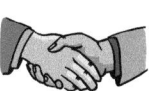

γεια σου

zdravo

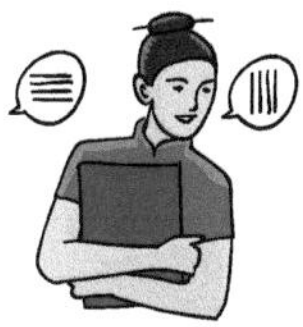

μεταφραστής

tumač

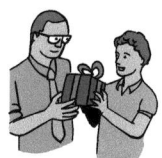

Ευχαριστώ

hvala

πόσο κάνει ;

Koliko košta...?

Δε καταλαβαίνω

Ne razumijem

πρόβλημα

problem

Καλησπέρα!

dobro veče!

Καλημέρα!

Dobro jutro!

Καληνύχτα!

Laku noć!

Αντίο

doviđenja

κατεύθυνση

smjer

αποσκευές

prtljag

τσάντα

torba

σακίδιο πλάτης

ruksak

καλεσμένος

gost

δωμάτιο

soba

υπνόσακος

vreća za spavanje

σκηνή

šator

τουριστικές πληροφορίες

turističke informacije

παραλία

plaža

πιστωτική κάρτα

kreditna kartica

πρωινό

doručak

μεσημεριανό

ručak

δείπνο

večera

εισιτήριο

putna karta

ανελκυστήρας

lift

γραμματόσημο

poštanska markica

σύνορα

granica

τελωνείο

carina

πρεσβεία

ambasada

βίζα

viza

διαβατήριο

pasoš

ταξίδι - putovanje

μεταφορά
transport

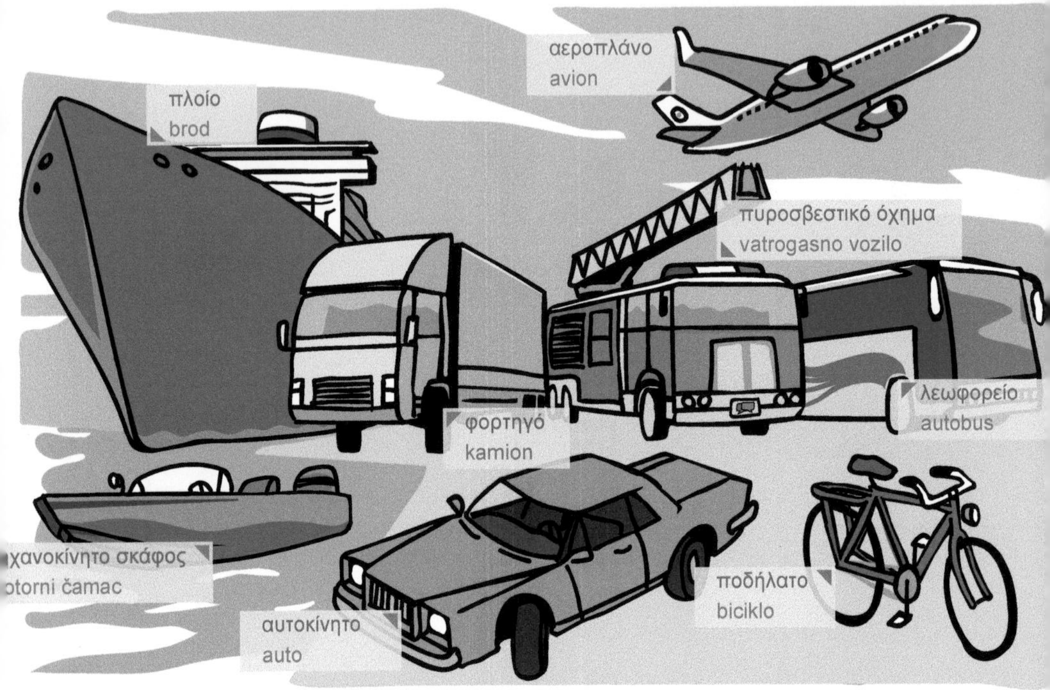

αεροπλάνο
avion
πλοίο
brod
πυροσβεστικό όχημα
vatrogasno vozilo
λεωφορείο
autobus
φορτηγό
kamion
χανοκίνητο σκάφος
otorni čamac
ποδήλατο
biciklo
αυτοκίνητο
auto

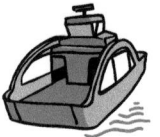

φεριμπότ
trajekt

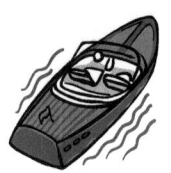

βάρκα
brod

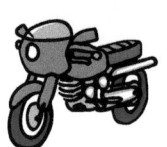

μοτοσικλέτα
motocikl

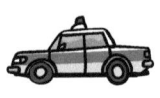

περιπολικό
policijski automobil

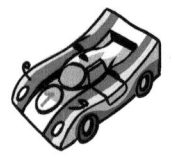

αγωνιστικό αυτοκίνητο
trkaći automobil

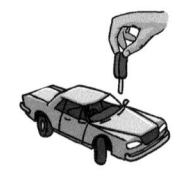

ενοικιαζόμενο αυτοκίνητο
unajmljeni automobil

διαμοιρασμός αυτοκινήτων

kar-šering

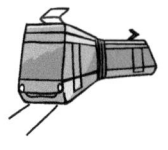

γερανός

pauk

απορριμματοφόρο

smećarsko vozilo

κινητήρας

motor

καύσιμο

gorivo

βενζινάδικο

benzinska pumpa

πινακίδα σήμανσης

saobraćajni znak

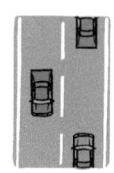

κυκλοφορία

saobraćaj

κυκλοφοριακή συμφόρηση

zastoj

χώρος στάθμευσης

parking

σιδηροδρομικός σταθμός

željeznička stanica

σιδηροδρομικές γραμμές

šine

τρένο

voz

τραμ

tramvaj

βαγόνι

vagon

ελικόπτερο

helikopter

αεροδρόμιο

aerodrom

πύργος

toranj

επιβάτης

putnik

εμπορευματοκιβώτιο

kontejner

χαρτοκιβώτιο

karton

καρότσι

tačke

καλάθι

korpa

απογειώνομαι /
προσγειόνομαι

poletjeti / sletjeti

πόλη
grad

χωριό

selo

κέντρο της πόλης

centar grada

σπίτι

kuća

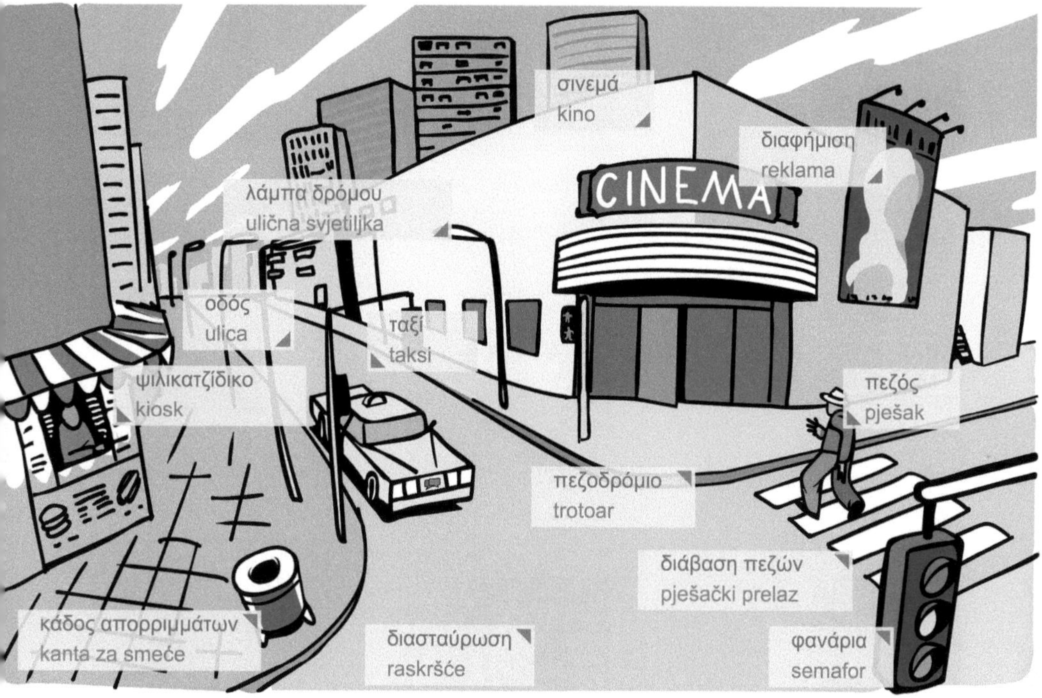

σινεμά
kino
διαφήμιση
reklama
CINEMA
λάμπα δρόμου
ulična svjetiljka
οδός
ulica
ταξί
taksi
ψιλικατζίδικο
kiosk
πεζός
pješak
πεζοδρόμιο
trotoar
διάβαση πεζών
pješački prelaz
κάδος απορριμμάτων
kanta za smeće
διασταύρωση
raskršće
φανάρια
semafor

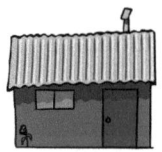

καλύβα

koliba

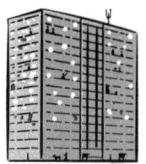

διαμέρισμα

stan

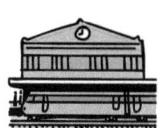

σιδηροδρομικός σταθμός

željeznička stanica

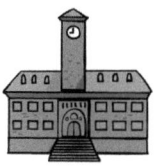

δημαρχείο

vjećnica

MUSEUM

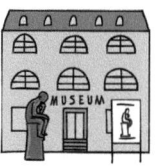

μουσείο

muzej

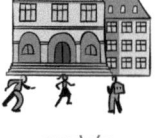

σχολείο

škola

πανεπιστήμιο

univerzitet

τράπεζα

banka

νοσοκομείο

bolnica

ξενοδοχείο

hotel

φαρμακείο

apoteka

γραφείο

ured

βιβλιοπωλείο

knjižara

κατάστημα

radnja

ανθοπωλείο

cvjećara

σούπερ μάρκετ

supermarket

αγορά

pijaca

πολυκατάστημα

robna kuća

ιχθυοπωλείο

prodavač ribe

εμπορικό κέντρο

trgovački centar

λιμάνι

luka

πάρκο

park

παγκάκι

klupa

γέφυρα

most

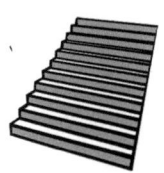

σκάλες

stepenice

μετρό

podzemna željeznica

τούνελ

tunel

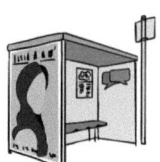

στάση λεωφορείου

autobuska stanica

μπαρ

bar

εστιατόριο

restoran

γραμματοκιβώτιο

poštanski sandučić

πινακίδα δρόμου

saobraćajni znak

παρκόμετρο

sat za naplatu parkinga

ζωολογικός κήπος

zoološki vrt

πισίνα

bazen

τζαμί

džamija

αγρόκτημα

seosko imanje

ρύπανση

zagađenje okoline

νεκροταφείο

groblje

εκκλησία

crkva

παιδική χαρά

igralište

ναός

hram

τοπίο

krajolik

φύλλο
list

πινακίδα κατεύθυνσης
putokaz

δρόμος
putokaz

λιβάδι
livada

πέτρα
kamen

δέντρο
drvo

πεζοπόρος
putnik

ποτάμι
rijeka

χορτάρι
trava

λουλούδι
cvijet

κοιλάδα

dolina

λόφος

brdo

λίμνη

jezero

δάσος

šuma

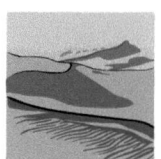

έρημος

pustinja

ηφαίστειο

vulkan

κάστρο

dvorac

ουράνιο τόξο

duga

μανιτάρι

gljiva

φοίνικας

palma

κουνούπι

komarac

μύγα

muha

μυρμήγκι

mrav

μέλισσα

pčela

αράχνη

pauk

σκαθάρι

buba

βάτραχος

žaba

σκίουρος

vjeverica

σκαντζόχοιρος

jež

λαγός

zec

κουκουβάγια

sova

πουλί

ptica

κύκνος

labud

αγριογούρουνο

divlja svinja

ελάφι

jelen

άλκη

los

φράγμα

brana

ανεμογεννήτρια

vjetrenjača

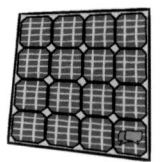

ηλιακός συλλέκτης

solarni modul

κλίμα

klima

εστιατόριο
restoran

σερβιτόρος
konobar
κατάλογος
jelovnik
καρέκλα
stolica
σούπα
supa
πίτσα
pica
τραπεζομάντιλο
stolnjak
μαχαιροπίρουνα
pribor za jelo

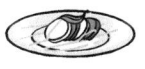

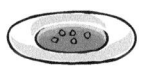

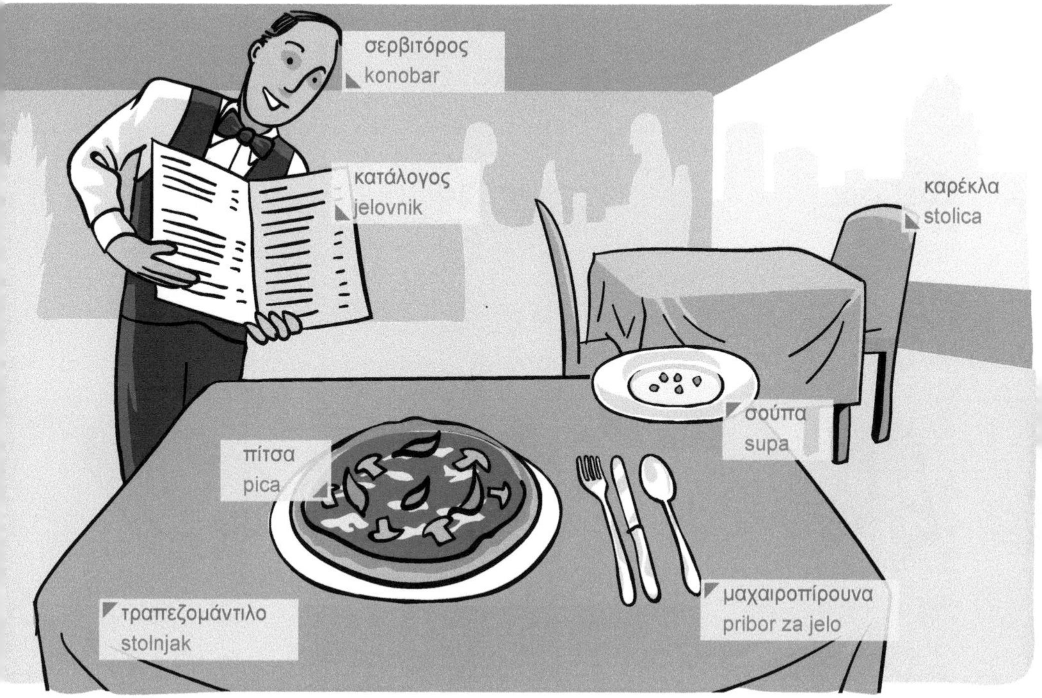

ορεκτικό
predjelo

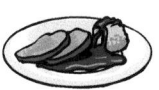

κύριο πιάτο
glavno jelo

επιδόρπιο
desert

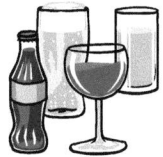

ποτά
piće

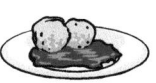

φαγητό
jelo

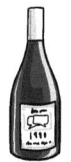

μπουκάλι
flaša

φαστ φουντ

brza hrana

φαγητό στ' όρθιο

jelo sa ulice

τσαγιέρα

čajnik

δοχείο ζάχαρης

šećernica

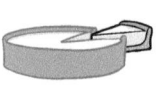

μερίδα

porcija

μηχανή εσπρέσο

mašina za espreso

ψηλή καρέκλα

barska stolica

λογαριασμός

račun

δίσκος

tacna

μαχαίρι

nož

πιρούνι

viljuška

κουτάλι

kašika

κουταλάκι του τσαγιού

kašičica

πετσέτα φαγητού

salveta

ποτήρι

čaša

πιάτο	πιάτο σούπας	πιατάκι φλιτζανιού
tanjir	tanjir za supu	tanjurić

σάλτσα	αλατιέρα	μύλος για πιπέρι
sos	solanik	mlin za biber

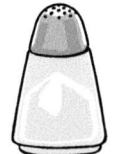

ξύδι	λάδι	μπαχαρικά
sirće	ulje	začini

κέτσαπ	μουστάρδα	μαγιονέζα
kečap	senf	majoneza

σούπερ μάρκετ
supermarket

προσφορά
ponuda
FOR
πελάτης
klijent
γαλακτοκομικά προϊόντα
mliječni proizvodi
φρούτα
voće
καρότσι για ψώνια
kolica za kupovinu

BUTCHERS

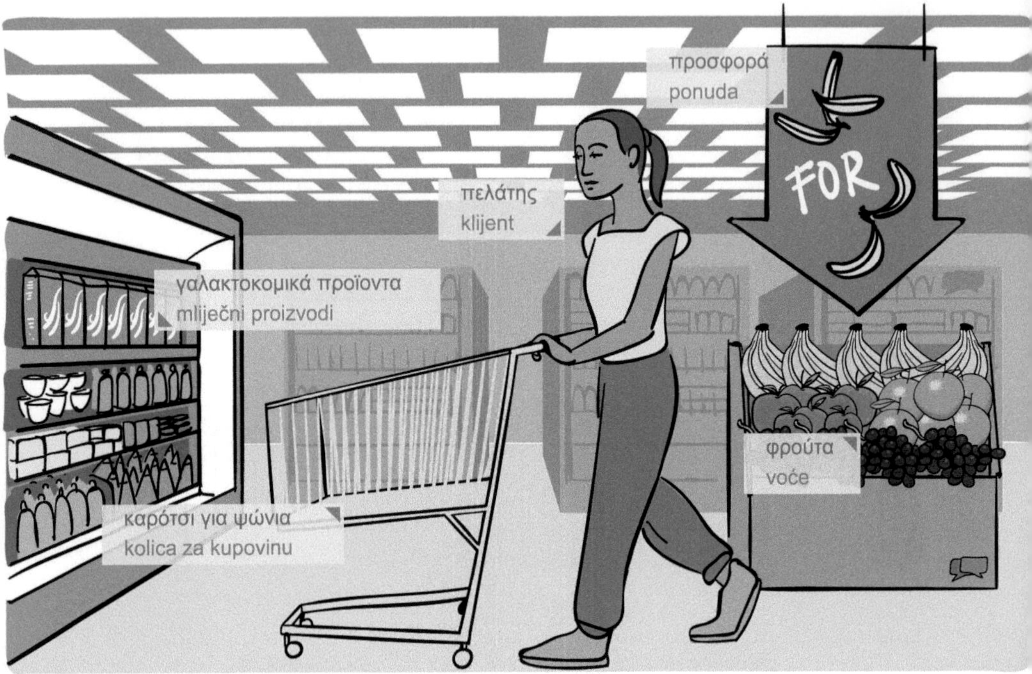

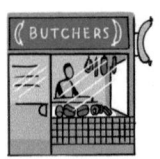

κρεοπωλείο

mesnica- klaonica

BAKERY

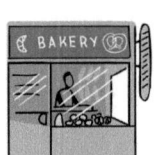

φούρνος

pekara

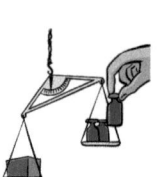

ζυγίζω

vagati

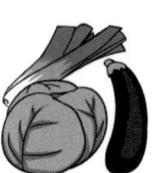

λαχανικά

povrće

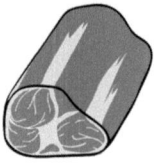

κρέας

meso

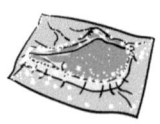

κατεψυγμένα τρόφιμα

zaleđena hrana

αλλαντικά
narezak

κονσερβοποιημένη τροφή
konzerve

απορρυπαντικό ρούχων
prašak za veš

γλυκά
slatkiši

οικιακά είδη
kućanski proizvodi

καθαριστικά προϊόντα
sredstvo za čišćenje

πωλήτρια
prodavačica

ταμείο
kasa

ταμίας
blagajnik

λίστα για ψώνια
lista za kupovinu

ωράριο λειτουργίας
radno vrijeme

πορτοφόλι
novčanik

πιστωτική κάρτα
kreditna kartica

τσάντα
torba

πλαστική σακούλα
najlonska vrećica

νερό

voda

χυμός

sok

γάλα

mlijeko

κόκα κόλα

kola

κρασί

vino

μπίρα

pivo

αλκοόλ

alkohol

κακάο

kakao

τσάι

čaj

καφές

kafa

εσπρέσο

espreso

καπουτσίνο

kapućino

μπανάνα

banana

μήλο

jabuka

πορτοκάλι

narandža

πεπόνι

lubenica

λεμόνι

limun

καρότο

mrkva

σκόρδο

bijeli luk

μπαμπού

bambus

κρεμμύδι

crveni luk

μανιτάρι

gljiva

ξηροί καρποί

orašasti plodovi

νουντλς

pasta

μακαρόνια

špagete

ρύζι

riža

σαλάτα

salata

πατατάκια

pomfrit

τηγανητές πατάτες

pečeni krompir

πίτσα

pica

χάμπουργκερ

hamburger

σάντουιτς

sendvič

κοτολέτα

šnicla

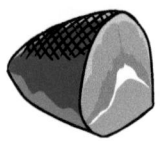

ζαμπόν

šunka

σαλάμι

kobasica

λουκάνικο

kobasica

κοτόπουλο

kokoš

ψητό

pečenje

ψάρι

riba

φαγητό - jelo

χυλός βρώμης

zobene pahuljice

μούσλι

muzli

κορν φλέικς

kornfleks

αλεύρι

brašno

κρουασάν

kroason

ψωμάκι

zemičke

ψωμί

kruh

τοστ

tost

μπισκότα

keksi

βούτυρο

maslac

τυρόπηγμα

svježi sir

κέικ

kolač

αυγό

jaje

τηγανητό αυγό

jaje na oko

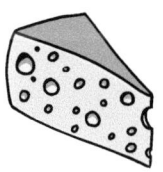

τυρί

sir

παγωτό

sladoled

ζάχαρη

šećer

μέλι

med

μαρμελάδα

marmelada

άλλειμμα σοκολάτας

nugat krema

κάρυ

kuri

αγρόκτημα
seosko imanje

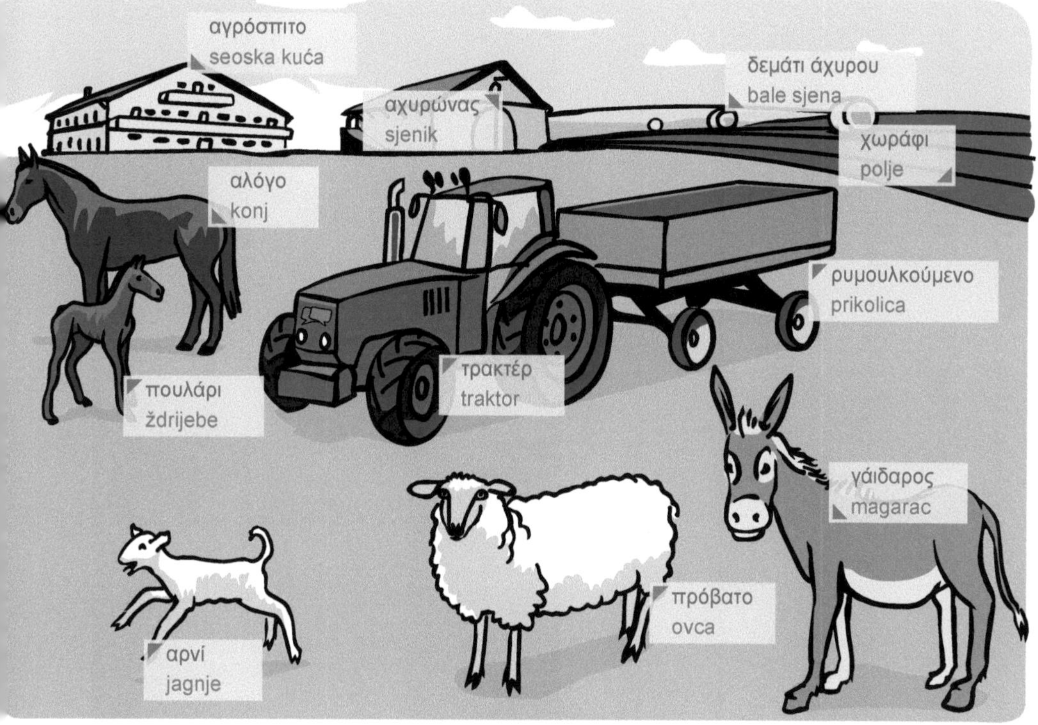
αγρόσπιτο
seoska kuća
δεμάτι άχυρου
bale sjena
αχυρώνας
sjenik
χωράφι
polje
αλόγο
konj
ρυμουλκούμενο
prikolica
πουλάρι
ždrijebe
τρακτέρ
traktor
γάιδαρος
magarac
πρόβατο
ovca
αρνί
jagnje

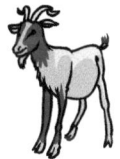

κατσίκα

koza

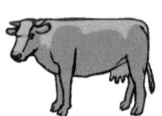

αγελάδα

krava

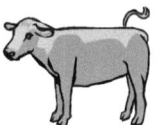

μοσχαράκι

tele

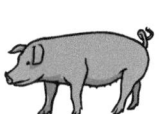

γουρούνι

svinja

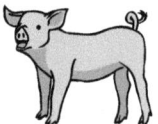

γουρουνάκι

prase

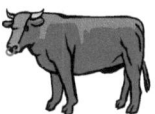

ταύρος

bik

χήνα
guska

πάπια
patka

κοτοπουλάκι
pile

κότα
kokoška

κόκορας
pjetao

αρουραίος
pacov

γάτα
mačka

ποντίκι
miš

βόδι
vol

σκύλος
pas

σπιτάκι σκύλου
pseća kućica

λάστιχο κήπου
crijevo za baštu

ποτιστήρι
kanta za zalijevanje

θεριστήρι
kosa

αλέτρι
plug

αγρόκτημα - seosko imanje

δρεπάνι

srp

τσάπα

motika

δίκρανο

vile

τσεκούρι

sjekira

χειράμαξα

tačke

ταΐστρα

korito

δοχείο γάλακτος

bokal za mlijeko

σάκος

vreća

φράχτης

ograda

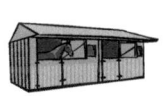

στάβλος

štala

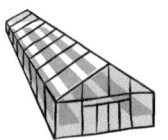

θερμοκήπιο

staklenik

έδαφος

tlo

σπόρος

sjeme

λίπασμα

đubrivo

θεριζοαλωνιστική μηχανή

kombajn

θερίζω
kositi

συγκομιδή
žetva

γιαμς
jam korijen

σιτάρι
pšenica

σόγια
soja

πατάτα
krompir

καλαμπόκι
kukuruz

κράμβη
uljana repica

οπωροφόρο δέντρο
drvo voća

μανιόκα
manioka

δημητριακά
žito

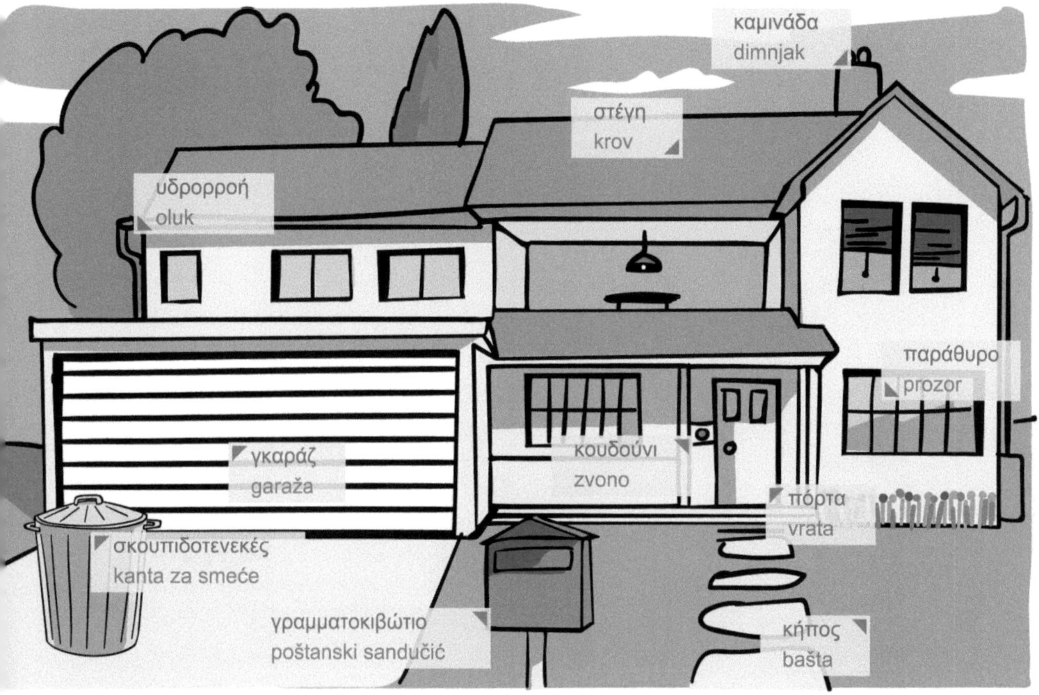

καμινάδα
dimnjak

στέγη
krov

υδρορροή
oluk

παράθυρο
prozor

γκαράζ
garaža

κουδούνι
zvono

πόρτα
vrata

σκουπιδοτενεκές
kanta za smeće

γραμματοκιβώτιο
poštanski sandučić

κήπος
bašta

σαλόνι

dnevni boravak

μπάνιο

kupatilo

κουζίνα

kuhinja

υπνοδωμάτιο

spavaća soba

παιδικό δωμάτιο

dječija soba

τραπεζαρία

trpezarija

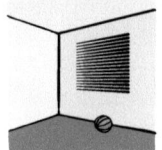

πάτωμα
pod, tlo

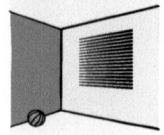

τοίχος
zid

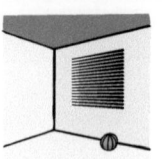

οροφή
plafon

κελάρι
podrum

σάουνα
sauna

μπαλκόνι
balkon

βεράντα
terasa

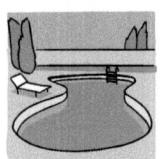

πισίνα
bazen

μηχανή του γκαζόν
kosilica

σεντόνι
posteljina

κάλυμμα κρεβατιού
pokrivač

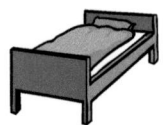

κρεβάτι
krevet

σκούπα
metla

κουβάς
kanta

διακόπτης
prekidač

σαλόνι
dnevni boravak

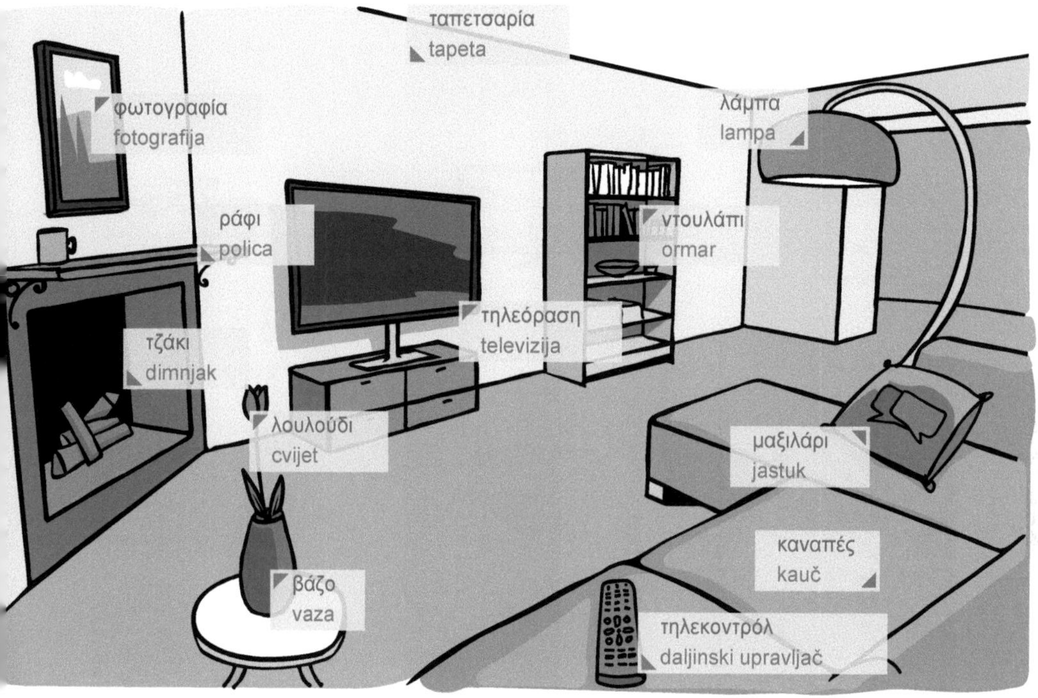
ταπετσαρία
tapeta
φωτογραφία
fotografija
λάμπα
lampa
ράφι
polica
ντουλάπι
ormar
τηλεόραση
televizija
τζάκι
dimnjak
λουλούδι
cvijet
μαξιλάρι
jastuk
καναπές
kauč
βάζο
vaza
τηλεκοντρόλ
daljinski upravljač

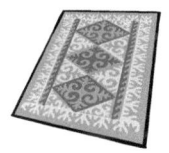

χαλί

tepih

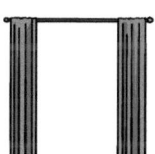

κουρτίνα

zavjesa

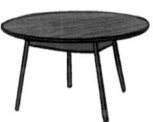

τραπέζι

stol

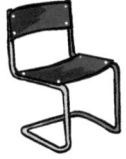

καρέκλα

stolica

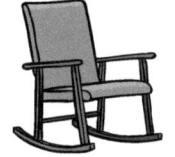

κουνιστή πολυθρόνα

stolica za ljuljanje

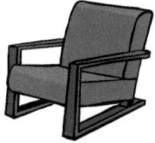

πολυθρόνα

fotelja

βιβλίο

knjiga

κουβέρτα

deka

διακόσμηση

dekoracija

καυσόξυλα

ložno drvo

ταινία

film

στερεοφωνικό σύστημα

stereo uređaj

κλειδί

ključ

εφημερίδα

novine

πίνακας ζωγραφικής

umjetnička slika

αφίσα

poster

ραδιόφωνο

radio

σημειωματάριο

blok za bilješke

ηλεκτρική σκούπα

usisavač

κάκτος

kaktus

κερί

svijeća

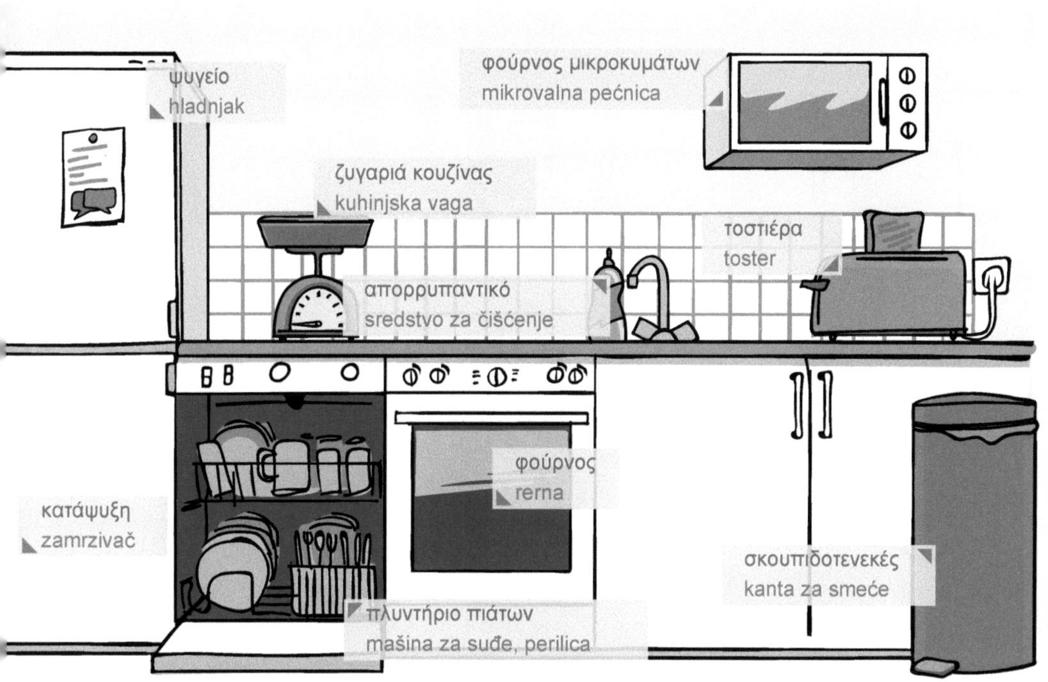

ψυγείο
hladnjak

φούρνος μικροκυμάτων
mikrovalna pećnica

ζυγαριά κουζίνας
kuhinjska vaga

απορρυπαντικό
sredstvo za čišćenje

τοστιέρα
toster

κατάψυξη
zamrzivač

φούρνος
rerna

σκουπιδοτενεκές
kanta za smeće

πλυντήριο πιάτων
mašina za suđe, perilica

κουζίνα

peć

κατσαρόλα

lonac

μαντεμένια κατσαρόλα

metalni lonac

γουόκ/καντάι

vok / kadai

τηγάνι

tava, tiganj

βραστήρας

kuhalo

ατμομάγειρας

aparat za kuhanje na pari

ταψί

lim za pečenje

πιατικά

posuđe

κούπα

šalica

μπολ

činija

ξυλάκια

kineski štapići

κουτάλα

kutlača

σπάτουλα

lopatica

ανακατεύω

metlica za snijeg bjelanjca

σουρωτήρι

sito za kuhanje

σουρωτηράκι

sito

τρίφτης

ribež

γουδί

avan s tučkom

ψησταριά

roštilj

ανοιχτή φωτιά

ložište

σανίδα κοπής

daska

πλάστης

oklagija

ανοιχτήρι φελλών

vadičep

κονσέρβα

konzerva

ανοιχτήρι κονσέρβας

otvarač za konzerve

γάντι φούρνου

krpe za lonac

νεροχύτης

sudoper

βούρτσα

četka

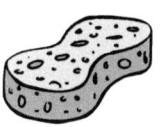

σφουγγάρι

spužva

μπλέντερ

mikser

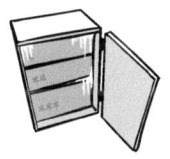

καταψύκτης

zamrzivač

μπιμπερό

flašica za bebu

βρύση

slavina

μπάνιο
kupatilo

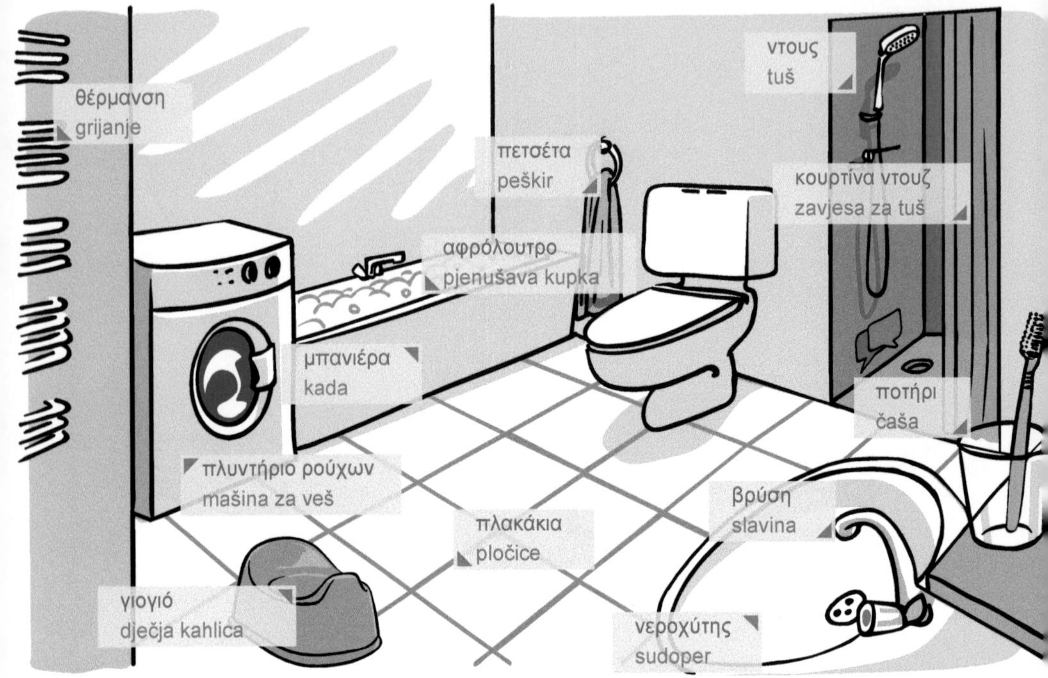
θέρμανση
grijanje
ντους
tuš
πετσέτα
peškir
κουρτίνα ντους
zavjesa za tuš
αφρόλουτρο
pjenušava kupka
μπανιέρα
kada
ποτήρι
čaša
πλυντήριο ρούχων
mašina za veš
βρύση
slavina
πλακάκια
pločice
γιογιό
dječja kahlica
νεροχύτης
sudoper

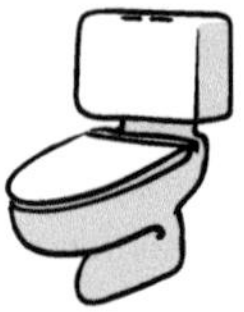

τουαλέτα

toalet

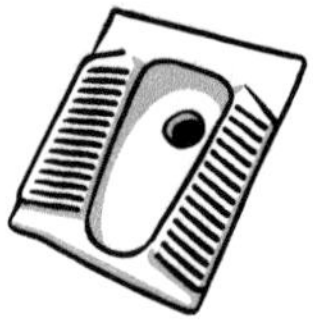

τούρκικη τουαλέτα

čučavac

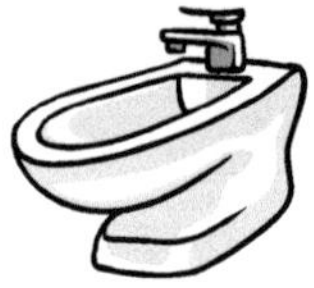

μπιντές

bide

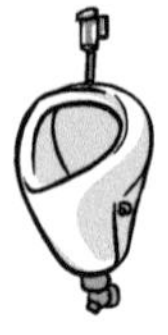

ουρητήριο

pisoar

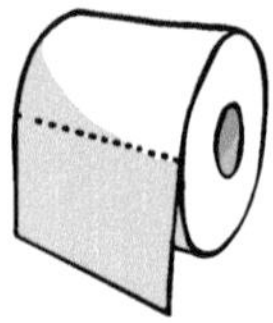

χαρτί υγείας

toalet papir

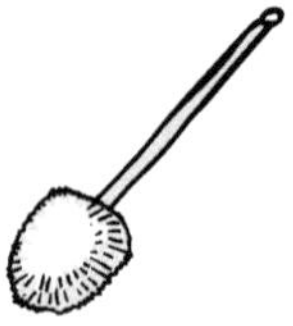

πιγκάλ

četka za wc

οδοντόβουρτσα

četkica za zube

οδοντόκρεμα

pasta za zube

οδοντικό νήμα

zubni konac

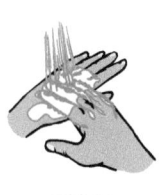

πλένω

prati

τηλέφωνο ντους

tuš

ντουσιέρα

intimni tuš

λεκάνη

lavor

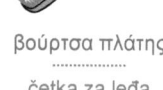

βούρτσα πλάτης

četka za leđa

σαπούνι

sapun

αφρόλουτρο

gel za tuširanje

σαμπουάν

šampon

φανέλα

krpe za pranje

σιφόνι

odvod

κρέμα

krema

αποσμητικό

dezodorans

καθρέφτης

ogledalo

καθρέφτης χειρός

ogledalo za šminkanje

ξυραφάκι

brijač

αφρός ξυρίσματος

pjena za brijanje

αφτερσέιβ

vodica poslije brijanja

χτένα

češalj

βούρτσα

četka

σεσουάρ

fen

λακ

sprej za kosu

μακιγιάζ

puder

κραγιόν

karmin

βερνίκι νυχιών

lak za nokte

βαμβάκι

vata

ψαλίδι νυχιών

makazice za nokte

άρωμα

parfem

νεσεσέρ

kozmetička torbica

σκαμπό

hoklica

ζυγαριά

vaga

μπουρνούζι

kupaći ogrtač

ελαστικά γάντια

rukavice za čišćenje

ταμπόν

tampon

πετσέτα υγιεινής

uložak za dame

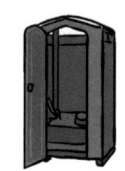

χημική τουαλέτα

hemijski toalet

παιδικό δωμάτιο

dječija soba

ξυπνητήρι
budilnik
λούτρινο ζωάκι
plišana igračka
αυτοκινητάκι
auto za igru
κουδουνίστρα
zvečka
κουκλόσπιτο
kućica za lutke
δώρο
poklon

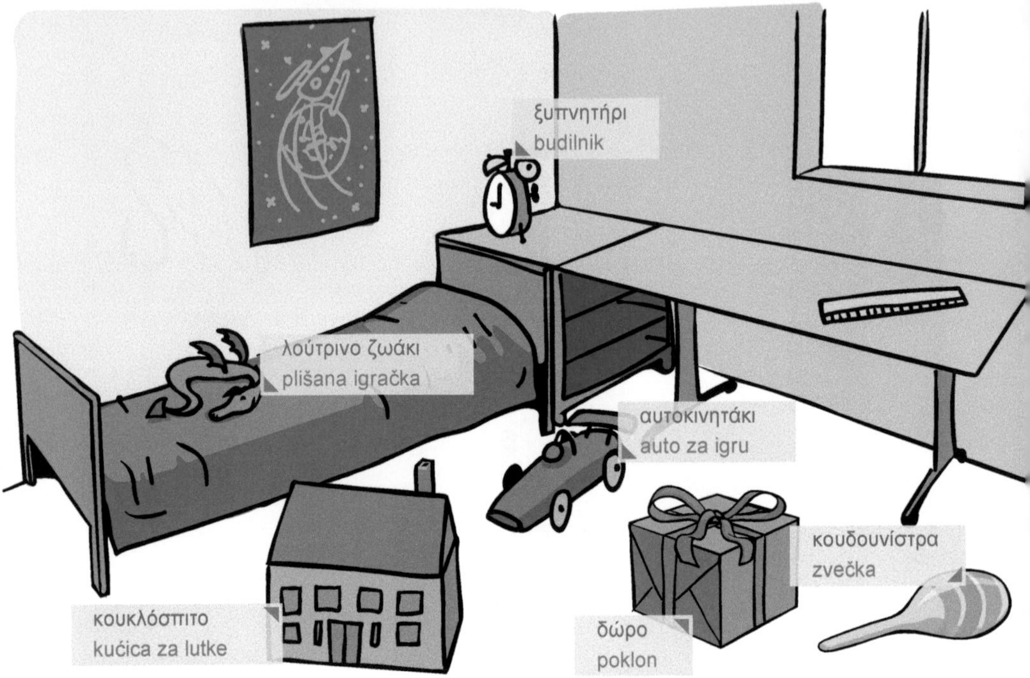

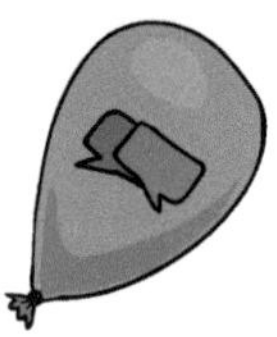

μπαλόνι

balon

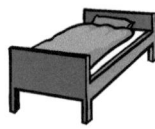

κρεβάτι

krevet

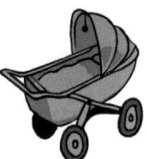

καροτσάκι

kolica za djecu

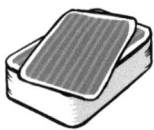

τράπουλα

karte za igranje

παζλ

puzle

SUPER
MEGA

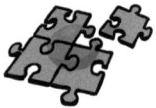

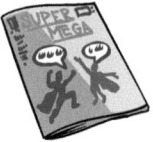

κόμικς

strip

τουβλάκια lego

lego kockice

τουβλάκια κατασκευών

kockice za gradnju

φιγούρα δράσης

akcione figure

βρεφικό φορμάκι

benkica

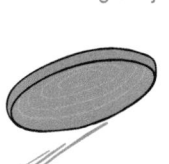

φρίσμπι

frizbi

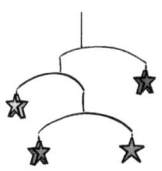

μόμπιλο

mobile

επιτραπέζιο παιχνίδι

igra na ploči

ζάρια

kocka

σετ τρενάκι

miniatura željeznice

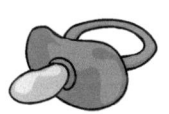

πιπίλα

cucla

πάρτι

zabava

εικονογραφημένο βιβλίο

slikovnica

μπάλα

lopta

κούκλα

lutka

παίζω

igrati

σκάμμα με άμμο

pješćanik

κούνια

ljuljačka

παιχνίδια

igračke

κονσόλα βιντεοπαιχνιδιών

konzola za igru

τρίκυκλο

triciklo

αρκουδάκι

medvjedić

ντουλάπα

ormar

ρούχα
odjeća

κάλτσες

kratke čarape

καλτσοδέτες

čarape

καλσόν

hulahopke

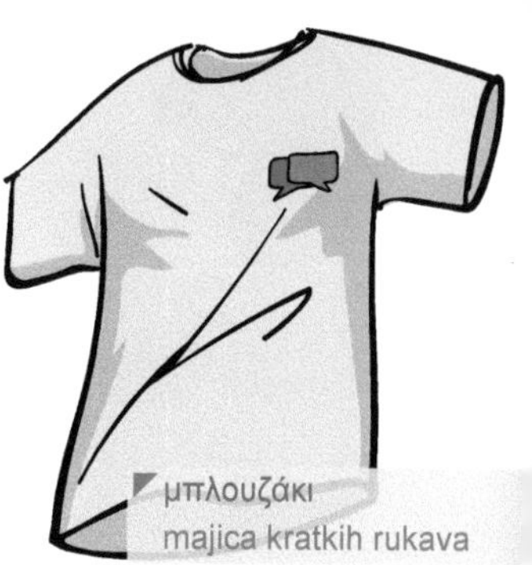

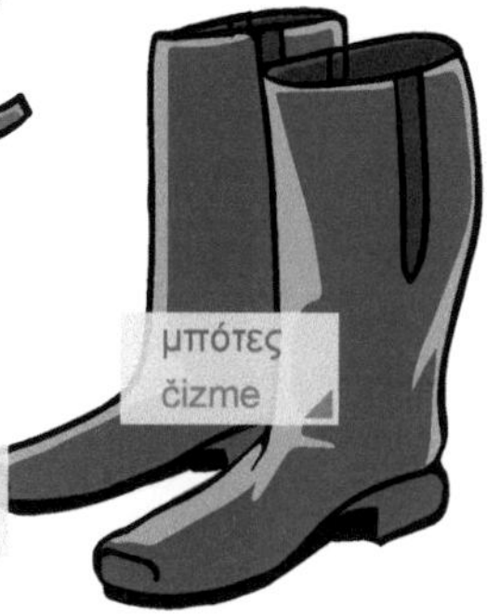

κασκόλ
šal

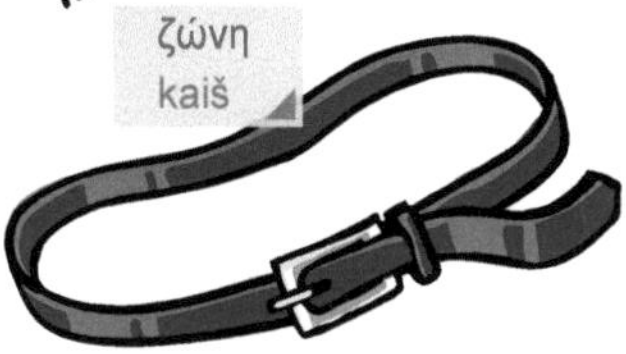

ομπρέλα
kišobran

ζώνη
kaiš

μπλουζάκι
majica kratkih rukava

μπότες
čizme

παντόφλες
papuče

αθλητικά πάπούτσια
patike

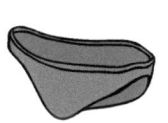

σανδάλια
sandale

παπούτσια
cipele

γαλότσες
gumene čizme

εσώρουχο
gaće

σουτιέν
grudnjak

φανέλα
potkošulja

σώμα

bodi

παντελόνι

hlače

τζιν παντελόνι

farmerke

φούστα

suknja

μπλούζα

bluza

πουκάμισο

košulja

πουλόβερ

džemper

πουλόβερ

majica

σακάκι

sako

μπουφάν

jakna

παλτό

mantil

αδιάβροχο πανωφόρι

kišni mantil

κοστούμι

kostim

φόρεμα

haljina

νυφικό

vjenčanica

κοστούμι

odijelo

νυχτικό

spavaćica

πιτζάμες

pidžama

σάρι

sari

μαντήλι

marama

τουρμπάνι

turban

μπούρκα

burka

καφτάνι

kaftan

μουσουλμανικό ένδυμα

abaja

ολόσωμο μαγιό

kupaći kostim

ανδρικό μαγιό

kupaće gaće

σορτς

kratke hlače

αθλητική φόρμα

trenerka

ποδιά

pregača

γάντια

rukavice

κουμπί

dugme

γυαλιά

naočare

βραχιόλι

narukvica

περιδέραιο

ogrlica

δαχτυλίδι

prsten

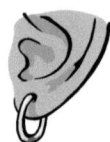

σκουλαρίκι

naušnica

καπέλο

kapa

κρεμάστρα

vješalica

καπέλο

šešir

γραβάτα

kravata

φερμουάρ

patentni zatvarač

κράνος

kaciga

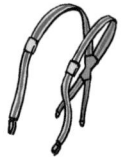

τιράντες

tregeri za hlače

μαθητική στολή

školska uniforma

στολή

uniforma

σαλιάρα

podbradak

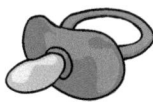

πιπίλα

cucla

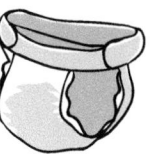

πάνα

pelene

γραφείο
ured

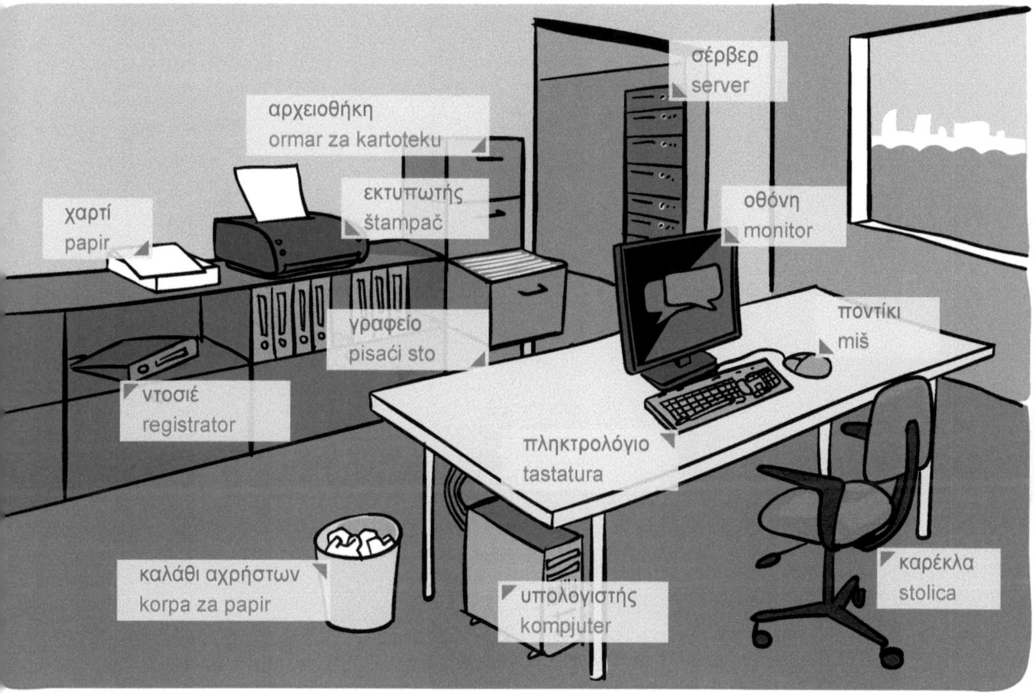

σέρβερ
server

αρχειοθήκη
ormar za kartoteku

εκτυπωτής
štampač

οθόνη
monitor

χαρτί
papir

ποντίκι
miš

γραφείο
pisaći sto

ντοσιέ
registrator

πληκτρολόγιο
tastatura

καλάθι αχρήστων
korpa za papir

καρέκλα
stolica

υπολογιστής
kompjuter

κούπα του καφέ

šolja za kafu

κομπιουτεράκι

kalkulator

ίντερνετ

internet

λάπτοπ

laptop

γράμμα

pismo

μήνυμα

poruka

κινητό

mobilni telefon

δίκτυο

mreža

φωτοτυπικό μηχάνημα

aparat za kopiranje

λογισμικό

softver

τηλέφωνο

telefon

πρίζα

utičnica

συσκευή φαξ

faks

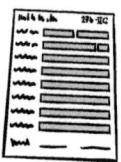

έντυπο

formular

έγγραφο

dokument

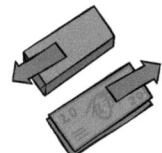

αγοράζω

kupovati

πληρώνω

platiti

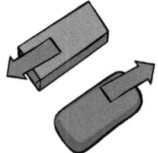

συναλλάσσομαι

trgovati

χρήματα

novac

USD

δολάριο

dolar

EUR

ευρώ

euro

JPY

γιεν

jen

RUB

ρούβλι

rublja

CHF

ελβετικό φράγκο

franak

CNY

ρενμίνμπι γιουάν

renminbi jen

INR

ρουπία

rupi

ΑΤΜ (αυτόματη ταμειακή μηχανή)

bankomat

ανταλλακτήρια
συναλλάγματος
mjenjačnica

χρυσός
zlato

ασήμι
srebro

πετρέλαιο
nafta

ενέργεια
energija

τιμή
cijena

συμβόλαιο
ugovor

φόρος
porez

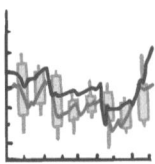

μετοχή
akcija

δουλεύω
raditi

υπάλληλος
službenik

εργοδότης
poslodavac

εργοστάσιο
fabrika

κατάστημα
radnja

οικονομία - ekonomija

επαγγέλματα

zanimanja

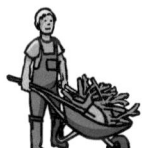

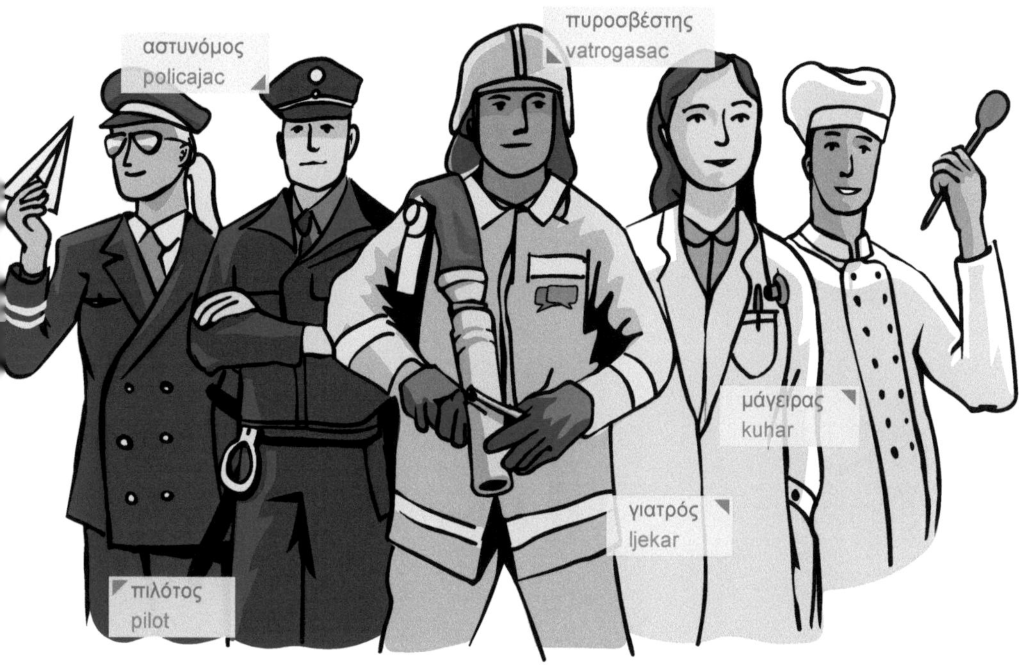
αστυνόμος
policajac
πυροσβέστης
vatrogasac
μάγειρας
kuhar
γιατρός
ljekar
πιλότος
pilot

κηπουρός

baštovan

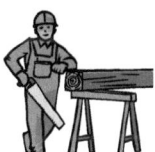

ξυλουργός

stolar

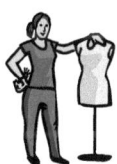

μοδίστρα

krojačica

δικαστής

sudija

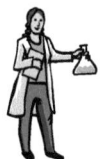

χημικός

hemičar

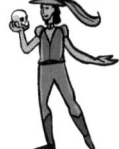

ηθοποιός

glumac

οδηγός λεωφορείου

vozač autobusa

ταξιτζής

vozač taksija

ψαράς

ribar

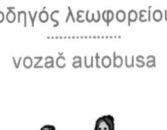

καθαρίστρια

čistačica

τεχνίτης στεγών

krovopokrivač

σερβιτόρος

konobar

κυνηγός

lovac

ζωγράφος

moler

αρτοποιός

pekar

ηλεκτρολόγος

električar

οικοδόμος

građevinski radnik

μηχανολόγος

inženjer

κρεοπώλης

koljač

υδραυλικός

limar, vodoinstalater

ταχυδρόμος

poštar

στρατιώτης
vojnik

αρχιτέκτονας
arhitekta

ταμίας
blagajnik

ανθοπώλης
cvjećar

κομμωτής
frizer

ελεγκτής εισιτηρίων
kontrolor

μηχανικός
mehaničar

καπετάνιος
kapiten

οδοντίατρος
zubar

επιστήμονας
naučnik

ραβίνος
rabin

ιμάμης
imam

μοναχός
monah

ιερέας
sveštenik

εργαλεία
alat

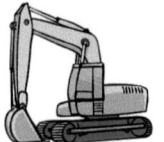

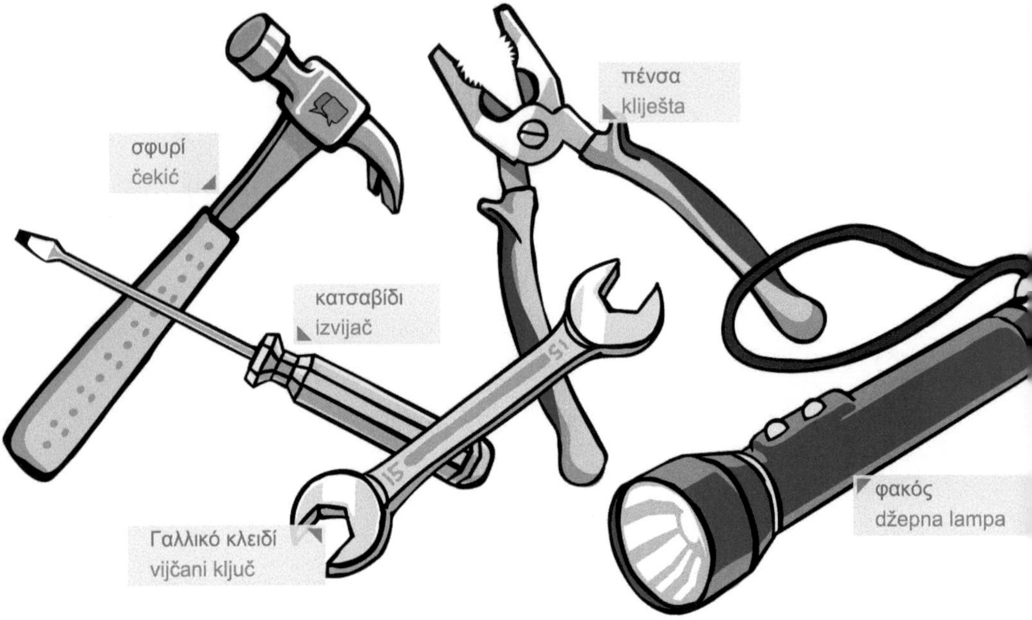
σφυρί
čekić
πένσα
kliješta
κατσαβίδι
izvijač
φακός
džepna lampa
Γαλλικό κλειδί
vijčani ključ

εκσκαφέας

bager

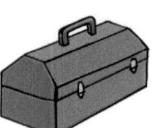

εργαλειοθήκη

kutija sa alatom

σκάλα

ljestve

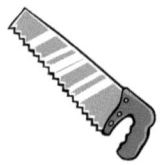

πριόνι

testera, pila

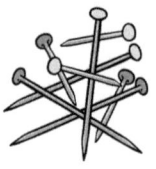

καρφιά

ekser

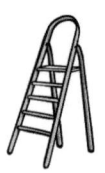

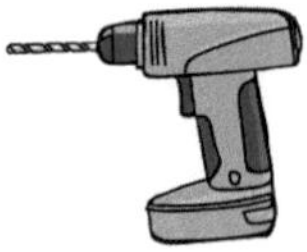

τρυπάνι

bušilica

επισκευάζω

popraviti

φτυάρι

lopata

Να πάρει!

sranje!

φαράσι

lopatica

δοχείο χρωμάτων

kanta boje

βίδες

vijak

μουσικά όργανα
muzički instrumenti

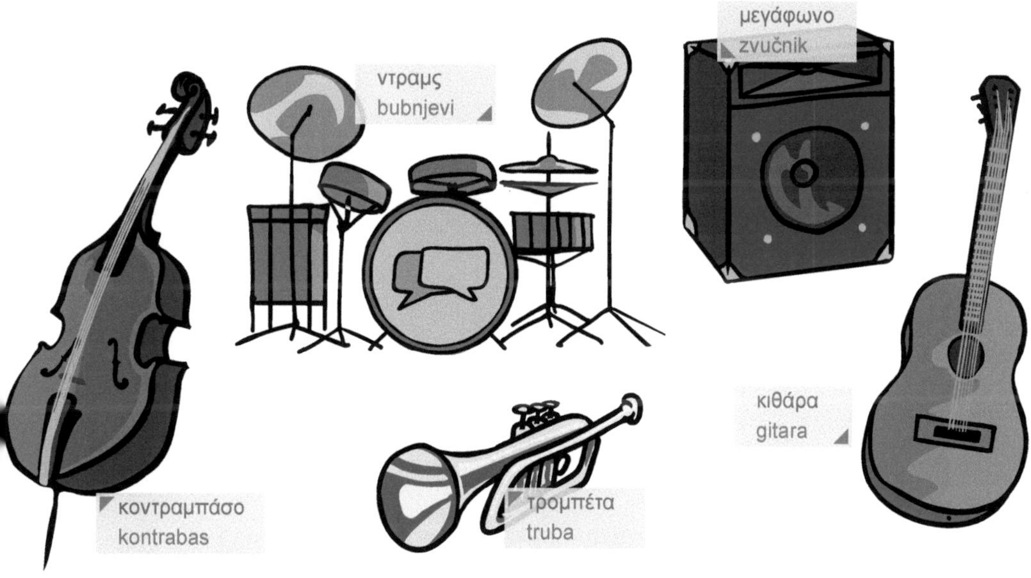

ντραμς
bubnjevi

μεγάφωνο
zvučnik

κιθάρα
gitara

κοντραμπάσο
kontrabas

τρομπέτα
truba

πιάνο

klavir

βιολί

violina

μπάσο

bas

τύμπανα

bubanj timpani

τύμπανο

bubanj

πλήκτρα

sintisajzer

σαξόφωνο

saksofon

φλάουτο

flauta

μικρόφωνο

mikrofon

ζωολογικός κήπος
zološki vrt

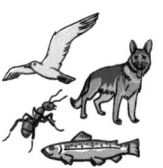

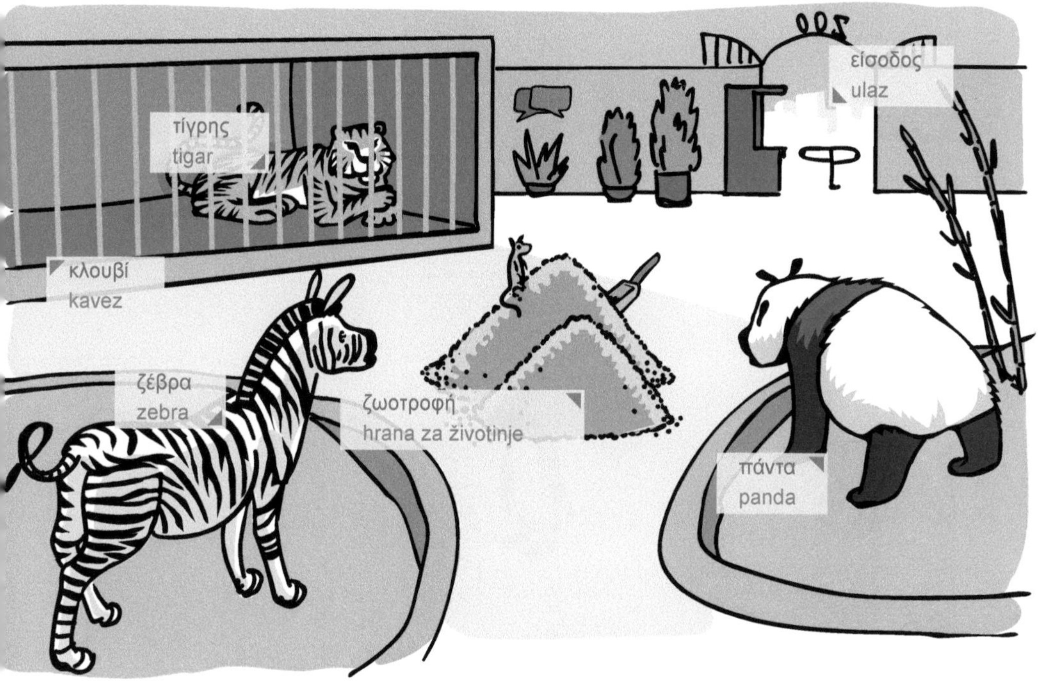
τίγρης
tigar
είσοδος
ulaz
κλουβί
kavez
ζέβρα
zebra
ζωοτροφή
hrana za životinje
πάντα
panda

ζώα
životinje

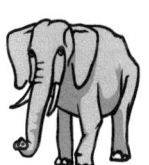

ελέφαντας
slon

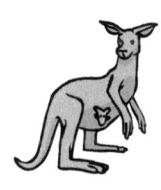

καγκουρό
kengur

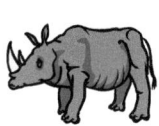

ρινόκερος
nosorog

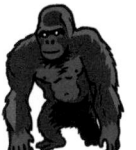

γορίλας
gorila

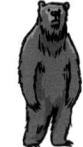

αρκούδα
medvjed

καμήλα

kamila

στρουθοκάμηλος

noj

λιοντάρι

lav

πίθηκος

majmun

φλαμίνγκο

flamingo

παπαγάλος

papagaj

πολική αρκούδα

polarni medvjed

πιγκουίνος

pingvin

καρχαρίας

morski pas

παγώνι

paun

φίδι

zmija

κροκόδειλος

krokodil

φύλακας ζωολογικού κήπου

čuvar u zološkom vrtu

φώκια

tuljan

τζάγκουαρ

jaguar

πόνυ
poni

λεοπάρδαλη
leopard

ιπποπόταμος
nilski konj

καμηλοπάρδαλη
žirafa

αετός
orao

αγριογούρουνο
divlja svinja

ψάρι
riba

χελώνα
kornjača

θαλάσσιος ίππος
morž

αλεπού
lisica

γαζέλα
gazela

Αμερικάνικο ποδόσφαιρο
američki fudbal

ποδηλασία
vožnja bicikla

αντισφαίριση
tenis

μπάσκετ
košarka

κολύμβηση
plivanje

πυγμαχία
boks

χόκεϋ επί πάγου
hokej na ledu

ποδόσφαιρο
fudbal

μπάντμιντον
bedminton

στίβος
laka atletika

χάντμπολ
rukomet

σκι
skijanje

πόλο
polo

γελάω
smijati se

πηδάω
skakati

αγκαλιάζω
zagrliti

περπατάω
ići

τραγουδάω
pjevati

ονειρεύομαι
sanjati

προσεύχομαι
moliti

φιλάω
ljubiti

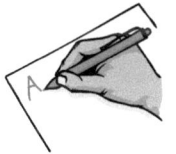

γράφω

pisati

σχεδιάζω

crtati

δείχνω

pokazati

πιέζω

gurati

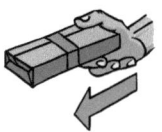

δίνω

dati

παίρνω

uzeti

έχω

imati

κάνω

raditi

είμαι

biti

στέκομαι

stajati

τρέχω

trčati

τραβάω

vući

ρίχνω

baciti

πέφτω

pasti

ξαπλώνω

ležati

περιμένω

čekati

κουβαλώ

nositi

κάθομαι

sjediti

φοράω

obući

κοιμάμαι

spavati

ξυπνάω

probuditi

κοιτάω

pogledati

κλαίω

plakati

χαϊδεύω

milovati

χτενίζω

češljati

μιλάω

govoriti

καταλαβαίνω

razumjeti

ρωτάω

pitati

ακούω

slušati

πίνω

piti

τρώω

jesti

συγυρίζω

pospremiti

αγαπάω

voljeti

μαγειρεύω

kuhati

οδηγώ

voziti

πετάω

letjeti

δραστηριότητες - aktivnosti

κάνω ιστιοπλοΐα

jedriti

υπολογίζω

računati

διαβάζω

čitati

μαθαίνω

učiti

δουλεύω

raditi

παντρεύομαι

vjenčavti

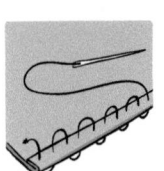

ράβω

šiti

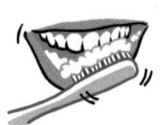

βουρτσίζω τα δόντια

prati zube

σκοτώνω

ubiti

καπνίζω

pušiti

στέλνω

slati

οικογένεια
porodica

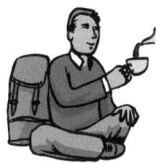

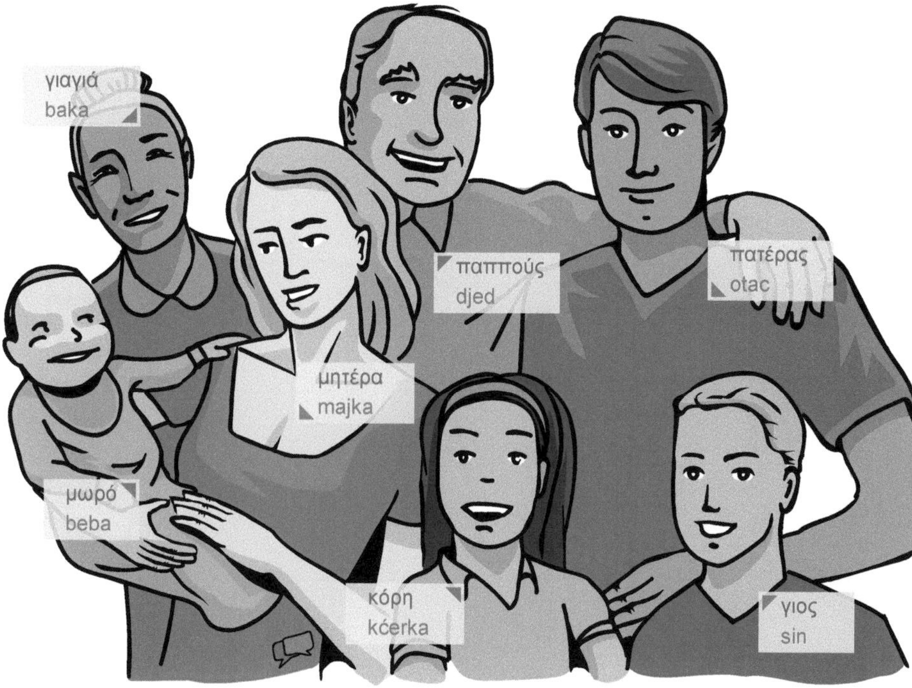
γιαγιά
baka
παππούς
djed
πατέρας
otac
μητέρα
majka
μωρό
beba
κόρη
kćerka
γιος
sin

καλεσμένος

gost

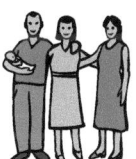

θεία

ujna, tetka, strina

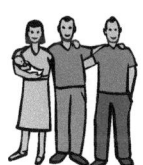

θείος

ujak, tetak, stric

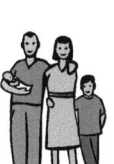

αδελφός

brat

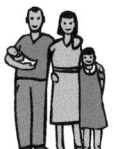

αδελφή

sestra

σώμα

tijelo

μέτωπο
čelo
μάτι
oko
ώμος
leđa
δάχτυλο
prst
πρόσωπο
lice
πιγούνι
brada
χέρι
ruka, šaka
πόδι
noga
στήθος
grudi
βραχίονας
ruka

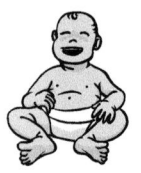

μωρό

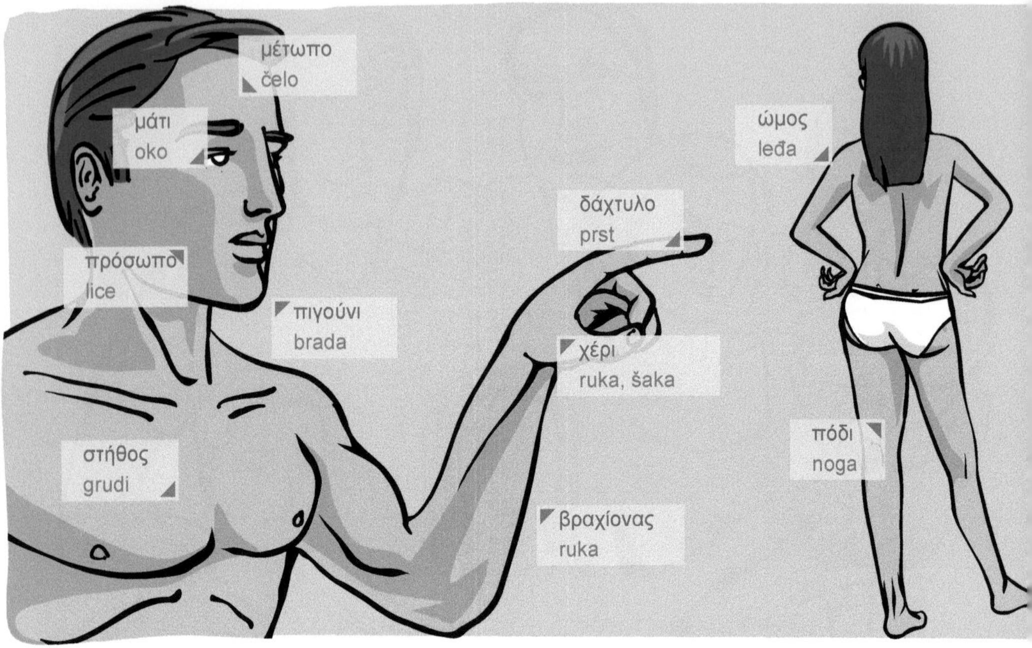

beba

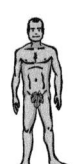

άνδρας

muškarac

γυναίκα

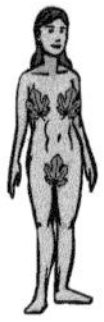

žena

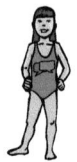

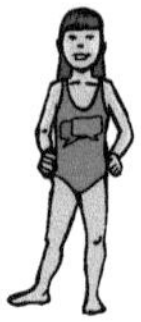

κορίτσι

djevojčica

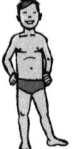

αγόρι

dječak

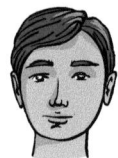

κεφάλι

glava

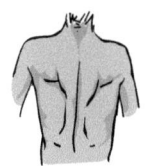

πλάτη

leđa

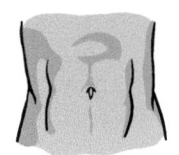

κοιλιά

stomak

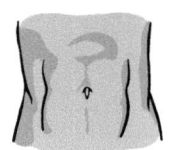

αφαλός

pupak

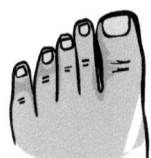

δάχτυλο ποδιού

nožni prst

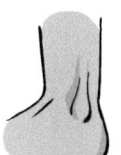

φτέρνα

peta

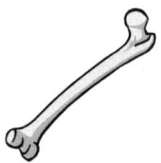

κόκκαλο

kosti

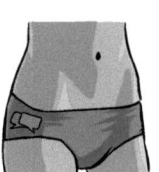

γοφός

kuk

γόνατο

koljeno

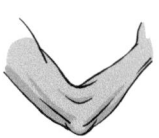

αγκώνας

lakat

μύτη

nos

γλουτός

stražnjica

δέρμα

koža

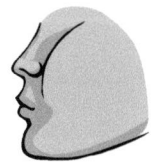

μάγουλο

obraz

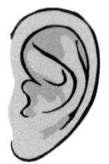

αυτί

uho

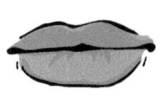

χείλος

usna

στόμα

usta

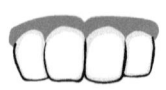

δόντι

zub

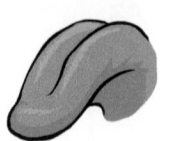

γλώσσα

jezik

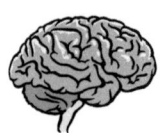

εγκέφαλος

mozak

καρδιά

srce

μυς

mišić

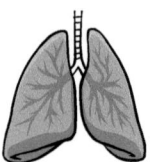

πνεύμονας

pluća

συκώτι

jetra

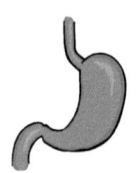

στομάχι

želudac

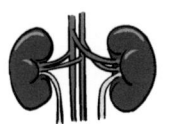

νεφρά

bubreg

σεξουαλική επαφή

spolni odnos

προφυλακτικό

kondom

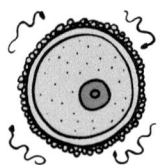

ωάριο

jajna ćelija

σπέρμα

sperma

εγκυμοσύνη

trudnoća

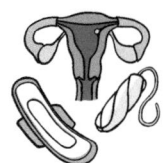

περίοδος

menstruacija

γυναικείος κόλπος

vagina

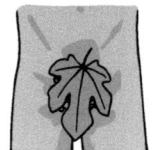

πέος

penis

φρύδι

obrva

μαλλιά

kosa

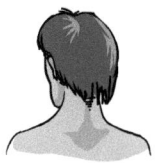

λαιμός

vrat

νοσοκομείο
bolnica

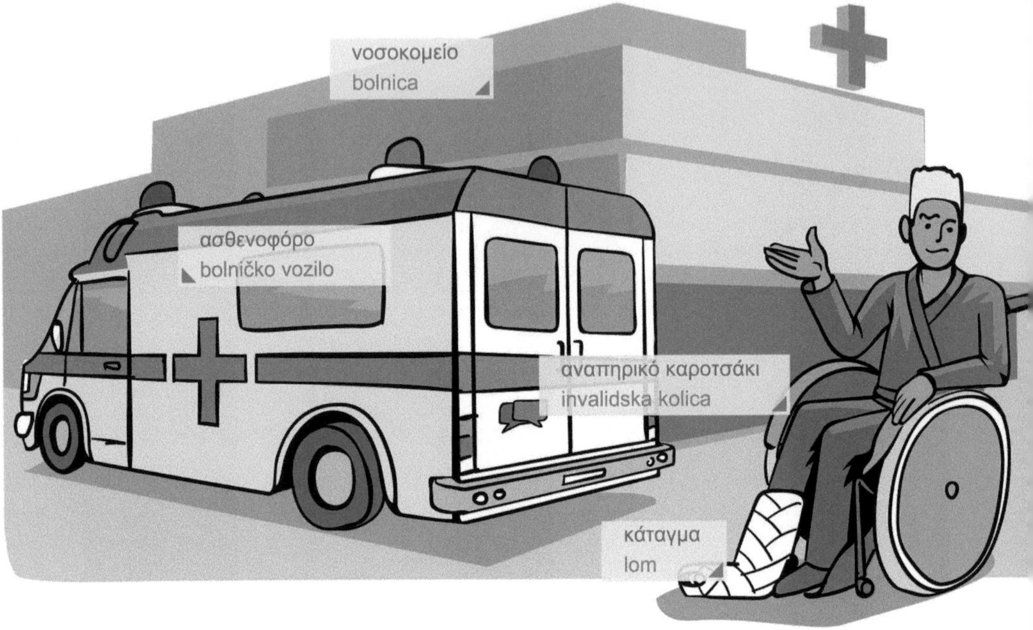

νοσοκομείο
bolnica
ασθενοφόρο
bolničko vozilo
αναπηρικό καροτσάκι
invalidska kolica
κάταγμα
lom

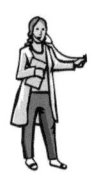

γιατρός

ljekar

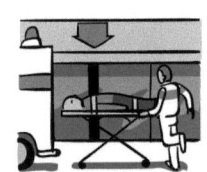

μονάδα εντατικής θεραπείας

hitna služba

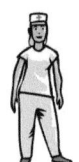

νοσοκόμα

medicinska sestra

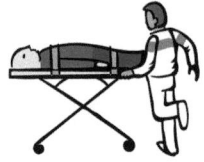

έκτακτη ανάγκη

hitna pomoć

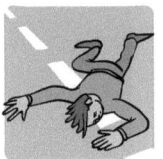

λιπόθυμος

nesvjest

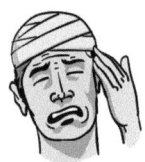

πόνος

bol

τραύμα

povreda

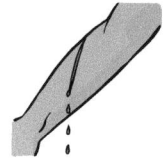

αιμορραγία

krvarenje

έμφραγμα

srčani udar, infarkt

εγκεφαλικό

moždani udar

αλλεργία

alergija

βήχας

kašalj

πυρετός

groznica

γρίπη

gripa

διάρροια

proljev

πονοκέφαλος

glavobolja

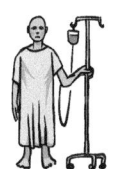

καρκίνος

rak

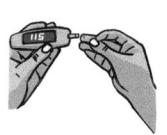

διαβήτης

dijabetes

χειρουργός

hirurg

νυστέρι

skalpel

εγχείρηση

operacija

νοσοκομείο - bolnica

αξονική τομογραφία

CT

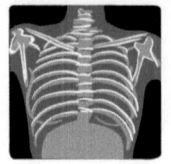

ακτινογραφία

rendgen

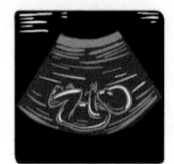

υπέρηχος

ultrazvuk

μάσκα

maska

ασθένεια

bolest

αίθουσα αναμονής

čekaonica

πατερίτσα

štake

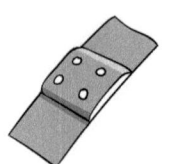

χάνσαπλαστ

flaster

επίδεσμος

zavoj

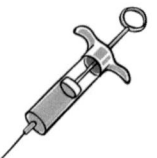

ένεση

injekcija

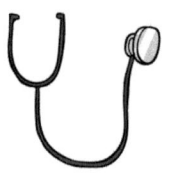

στηθοσκόπιο

stetoskop

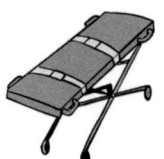

φορείο

nosilo

θερμόμετρο

termometar

γέννηση

porod

υπέρβαρο

prekomjerna težina, debljina

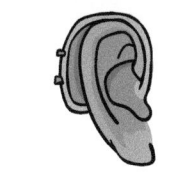

ακουστικό βαρηκοΐας

slušni aparat

αντισηπτικό

sredstvo za dezinfekciju

λοίμωξη

infekcija

ιός

virus

HIV/AIDS

HIV/ AIDS

φάρμακο

medicina

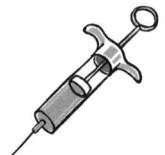

εμβολιασμός

vakcinacija

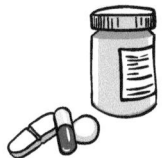

δισκία

tablete

χάπι

pilula

κλήση έκτακτης ανάγκης

hitni poziv

πιεσόμετρο αίματος

aparat za mjerenje pritiska

άρρωστος / υγιής

bolestan / zdrav

Βοήθεια!

Upomoć!

συναγερμός

alarm

βιαιοπραγία

napad, prepad

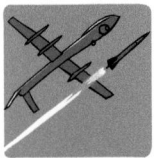

επίθεση

napad

κίνδυνος

opasnost

έξοδος κινδύνου

izlaz u slučaju opasnosti

Φωτιά!

Požar!

πυροσβεστήρας

vatrogasni aparat

ατύχημα

nezgoda

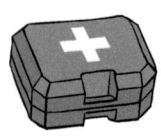

κουτί πρώτων βοηθειών

torba prve pomoći

SOS

SOS

αστυνομία

policija

Ευρώπη

Europa

Βόρεια Αμερική

Sjeverna Amerika

Νότια Αμερική

Južna Amerika

Αφρική

Afrika

Ασία

Azija

Αυστραλία

Australija

Ατλαντικός Ωκεανός

Atlantik

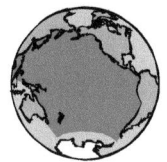

Ειρηνικός Ωκεανός

Pacifik

Ινδικός Ωκεανός

Indijski okean

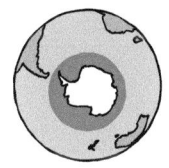

Ανταρκτικός Ωκεανός

Antarktički okean

Αρκτικός Ωκεανός

Arktički okean

Βόρειος Πόλος

Sjeverni pol

Νότιος Πόλος

Južni pol

Ανταρκτική

Antarktik

Γη

Zemlja

γη

zemlja

θάλασσα

more

νησί

ostrvo

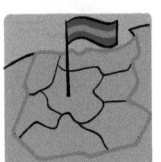

έθνος

nacija

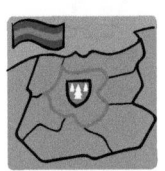

πολιτεία

država

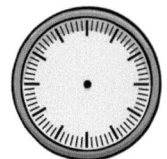

καντράν ρολογιού

brojčanik sata

ωροδείκτης

kazaljka sata

λεπτοδείκτης

kazaljka minute

δείκτης δευτερολέπτων

kazaljka sekunde

Τι ώρα είναι;

Koliko je sati?

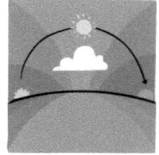

ημέρα

dan

χρόνος

vrijeme

τώρα

sada

ψηφιακό ρολόι

digitalni sat

λεπτό

minuta

ώρα

sat

εβδομάδα
sedmica, nedjelja

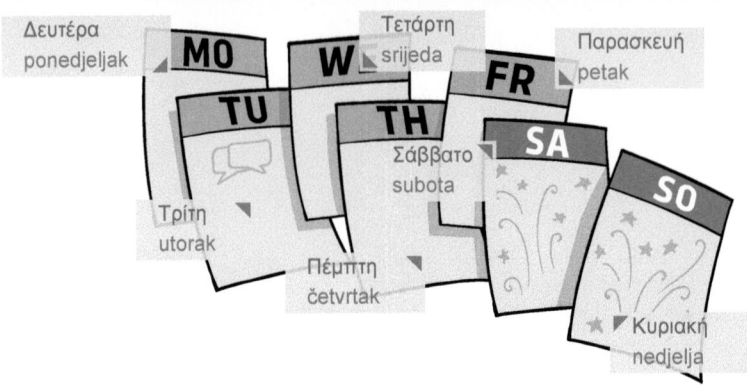

Δευτέρα
ponedjeljak

MO

Τετάρτη
srijeda

W

Παρασκευή
petak

FR

TU

TH

SA

SO

Τρίτη
utorak

Σάββατο
subota

Πέμπτη
četvrtak

Κυριακή
nedjelja

χθες
juče

σήμερα
danas

αύριο
sutra

πρωί
jutro

μεσημέρι
podne

βράδυ
veče

εργάσιμες ημέρες
radni dani

Σαββατοκύριακο
vikend

έτος
godina

βροχή
kiša
ουράνιο τόξο
duga
άνεμος
vjetar
χιόνι
snijeg
άνοιξη
proljeće
καλοκαίρι
ljeto
φθινόπωρο
jesen
χειμώνας
zima

4.APRIL 11°
5.APRIL 4°
6.APRIL 13°
7.APRIL 8°
8.APRIL 10°

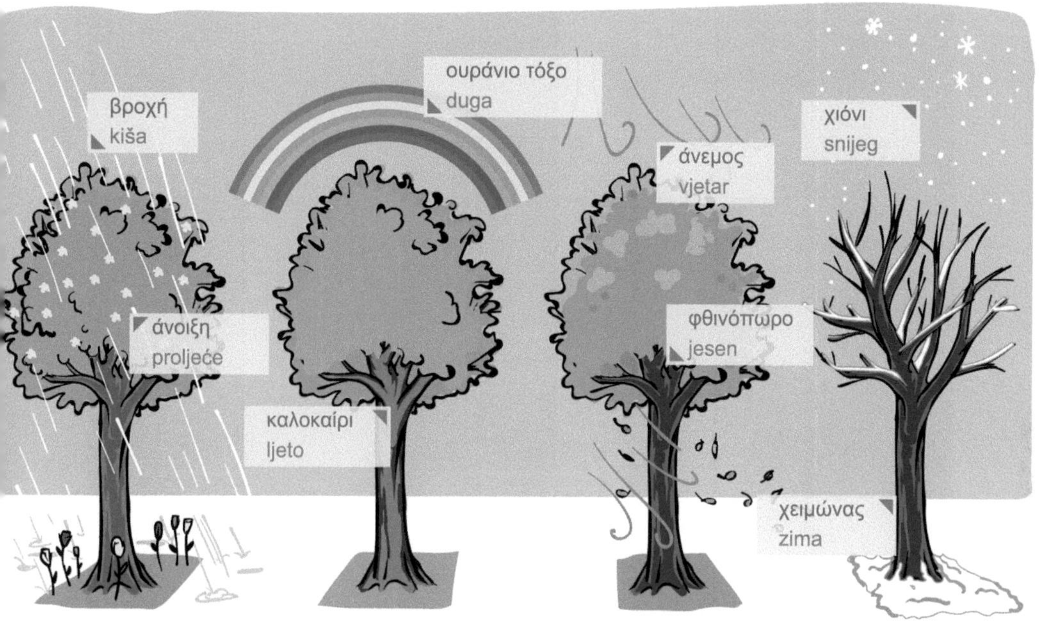

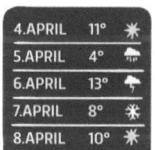

πρόγνωση καιρού

prognoza vremena

F
C
120
90
60
30
0
-30
40
30
20
10
0
-10
-20

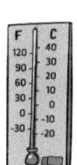

θερμόμετρο

termometar

λιακάδα

sunčev sjaj

σύννεφο

oblak

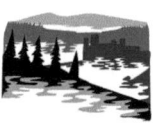

ομίχλη

magla

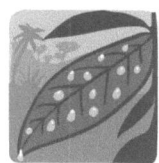

υγρασία

vlažnost vazduha

αστραπή

munja

κεραυνός

grom

καταιγίδα

oluja

χαλάζι

tuča, led

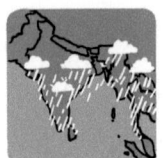

μουσώνας

monsun

πλημμύρα

poplava

πάγος

led

Ιανουάριος

januar

Φεβρουάριος

februar

Μάρτιος

mart

Απρίλιος

april

Μάιος

maj

Ιούνιος

juni

Ιούλιος

juli

Αύγουστος

avgust

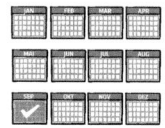

Σεπτέμβριος
....
septembar

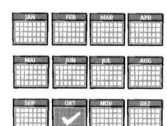

Οκτώβριος
....
oktobar

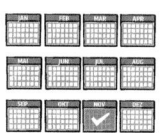

Νοέμβριος
....
novembar

Δεκέμβριος
....
decembar

σχήματα
oblici

κύκλος
....
krug

τετράγωνο
....
kvadrat

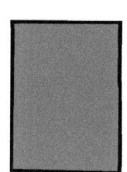

ορθογώνιο
παραλληλόγραμμο
pravougao

τρίγωνο
....
trougao

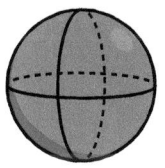

σφαίρα
....
kugla

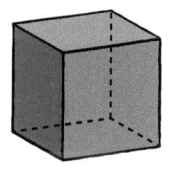

κύβος
....
kocka

άσπρο

bjel

κίτρινο

žut

πορτοκαλί

narandžast

ροζ

pink

κόκκινο

crven

μωβ

ljubičast

μπλε

plav

πράσινο

zelen

καφέ

smeđ

γκρι

siv

μαύρο

crn

πολύ / λίγο

malo / mnogo

θυμωμένος / ήρεμος

ljutit / miran

όμορφος / άσχημος

lijep / ružan

αρχή / τέλος

početak / kraj

μεγάλος / μικρός

veliki / mali

φωτεινός / σκοτεινός

svijetlo / tamno

αδελφός / αδελφή

brat / sestra

καθαρός / λερωμένος

čist / prljav

πλήρης / ατελής

potpun / nepotpun

ημέρα / νύχτα

dan / noć

νεκρός / ζωντανός

mrtav / živ

φαρδύς / στενός

široko / usko

βρώσιμος / μη βρώσιμος

ukusno / neukusno

κακός / ευγενικός

zao / prijatan

ενθουσιασμένος / βαριεστημένος

uzbuđen / dosadan

παχύς / λεπτός

debeo / mršav

πρώτος / τελευταίος

najprije / najkasnije

φίλος / εχθρός

prijatelj / neprijatelj

γεμάτος / άδειος

pun / prazan

σκληρός / μαλακός

trvd / mekan

βαρύς / ελαφρύς

težak / lagan

πείνα / δίψα

glad / žeđ

άρρωστος / υγιής

bolestan / zdrav

παράνομος / νόμιμος

ilegalan / legalan

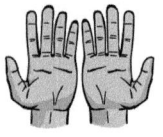

έξυπνος / χαζός

inteligentan / glup

αριστερός / δεξιός

lijevo / desno

κοντινός / μακρινός

blizu / daleko

καινούριος /
μεταχειρισμένος

nov / polovan

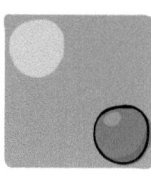

τίποτα / κάτι

ništa / nešto

γέρος | νέος

star / mlad

αναμμένος / σβηστός

uključeno / isključeno

ανοιχτός / κλειστός

otvoreno / zatvoreno

χαμηλόφωνος /
μεγαλόφωνος
tiho / glasno

πλούσιος / φτωχός

bogat / siromašan

σωστός / λανθασμένος

tačno / pogrešno

τραχύς / λείος

hrapav / glatak

λυπημένος / χαρούμενος

tužan / srećan

κοντός / μακρύς

kratak / dug

αργός / γρήγορος

spor / brz

υγρός / στεγνός

mokro / suho

ζεστός / δροσερός

toplo / hladno

πόλεμος / ειρήνη

rat / mir

αντίθετα - suprotnosti

0

μηδέν

nula

1

ένα

jedan

2

δύο

dva

3

τρία

tri

4

τέσσερα

četiri

5

πέντε

pet

6

έξι

šest

7

εφτά

sedam

8

οκτώ

osam

9

εννιά

devet

10

δέκα

deset

11

έντεκα

jedanaest

12

δώδεκα

dvanaest

13

δεκατρία

trinaest

14

δεκατέσσερα

četrnaest

15

δεκαπέντε

petnaest

16

δεκαέξι

šesnaest

17

δεκαεφτά

sedamnaest

18

δεκαοκτώ

osamnaest

19

δεκαεννέα

devetnaest

20

είκοσι

dvadeset

100

εκατό

sto

1.000

χίλια

hiljada

1.000.000

εκατομμύριο

milion

Αγγλικά

engleski

Αμερικάνικα Αγγλικά

američki engleski

Μανδαρίνικα Κινέζικα

kinesko mandarinski

Χίντι

hindi

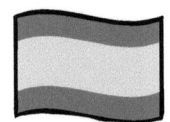

Ισπανικά

španski

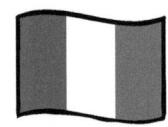

Γαλλικά

francuski

Αραβικά

arapski

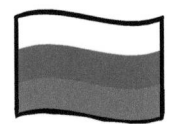

Ρώσικα

ruski

Πορτογαλικά

portugalski

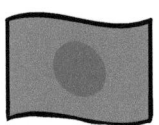

Μπενγκάλι

bengalski

Γερμανικά

njemački

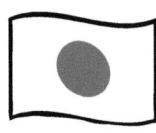

Ιαπωνικά

japanski

εγώ

ja

εσύ

ti

αυτός / αυτή / αυτό

on / ona / ono

εμείς

mi

εσείς

vi

αυτοί / αυτές / αυτά

oni

ποιος / ποια / ποιο;

ko?

τι;

šta?

πώς;

kako?

πού;

gdje?

πότε;

kada?

όνομα

ime

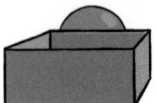

πίσω

iza

μέσα

u

μπροστά

pred

πάνω από

iznad

πάνω

na

κάτω

ispod

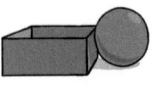

δίπλα

pored

ανάμεσα

između

μέρος

mjesto